牛津非常短講 008

A VERY SHORT INTRODUCTION

Daniel Freeman

ANXIETY

Jason Freeman

焦慮

吳妍儀　譯

丹尼爾・弗里曼／
傑森・弗里曼

目次

配圖列表

前言

焦慮是基本情緒之一，就像快樂、悲傷或憤怒一樣，是人之所以為人很核心的一部分。如果要求你回憶上次感覺焦慮的時刻，毫無疑問，你不必回溯到太久以前。

形式較嚴重的焦慮，也是最常見的心理疾病類型之一，世界各地有數百萬人隨時都會受到影響。

所以，焦慮的重要性毋庸置疑。不過就算我們都經歷過這種情緒，或許還經常如此，對我們許多人來說，焦慮可能看似一種相當神祕的經驗。焦慮還頗像是聖經描述中的風，在它抵達的時候我們認得出來，卻不知它從哪裡來，也不知它往何處去。

所以我們這本《焦慮：牛津非常短講》，從定義焦慮的意義開始。我們嘗試確定焦慮是什麼、它感覺像什麼，還有它可能有何目的。雖然每個人都不時感覺到焦慮，但我們有多常經歷焦慮、還有它對我們的影響有多嚴重，卻因人而異。爲了理解爲何如此，在第二章我們聚焦於焦慮的四種主要理論觀點：精神分析、行爲、認知，以及神經生物學。藉著考量我們的基因與生命經驗如何影響我們對焦慮的易感性，我們建立第三章的討論內容。

在這些理論性探究之後，我們希望第四章的出現會是一種引人入勝——但有啟發性——的轉換。在這一章，我們呈現特別爲此書進行的訪談，受訪者是演員、作家兼導演麥可・帕林以及前英格蘭足球代表隊總教練葛雷恩・泰勒。他們各自描述他們在職涯中經歷的焦慮經驗，並且說明他們爲了對抗焦慮所採取的步驟。

在這本書的後半部，我們轉換焦點，討論焦慮嚴重到足以被視爲一種臨床問題的時候，會發生什麼事。對於精神醫學分類系統中涵蓋的六種主要焦慮症——恐懼症（phobia）、社交恐懼症（social phobia）、恐慌症（panic disorder）、廣泛性焦慮症（generalized anxiety disorder）、強迫症（obsessive-compulsive disorder）以及創傷後壓力症（post-traumatic stress disorder）——我們各用一整章的篇幅來談。我們評估焦慮症各種不同的治療方案，以此總結這本書。在這個部分，極有效的認知行爲療法降臨，意味著我們眞的有保持樂觀的本錢。

焦慮既是絕對正常的，同時也複雜得迷人。它還是許多當代尖端心理學研究與臨床實務的焦點。我們在整本書裡都用上了這類的研究與實務內容，不過已經設法盡可能以清晰的方式加以呈現。所以我們希望讀者們會發現，這不只是一本關於焦慮本質的權威性指南，也是一本易懂而有趣的書。

第一章 什麼是焦慮？

你知道你有那種糟糕紅色心情的時候……藍色憂鬱是因為你變胖了，或者也可能是雨下太久了。你很哀傷，就只是這樣。但糟糕紅色心情很恐怖。你很害怕，你汗流浹背，但你不知道你在怕什麼。你知道你在害怕有某件壞事要發生了，只是你不知道那是什麼。

（卡波第《第凡內早餐》中的荷莉．高萊特莉）

焦慮永遠不會離去。不會突然出現一片陽光普照的高原，讓你不再為任何事焦慮——它只是變成不同的形狀與形式。

（麥可．帕林）

荷莉・高萊特莉的「糟糕紅色心情」可能很恐怖，卻也絕對正常。沒有人不曾在人生中偶爾體驗到焦慮——或許是在搭機、發表演講或見陌生人之前。而且，無憂無慮、陽光普照的高原聽起來很有吸引力，但我們到不了那裡可能也滿好的。如同我們將會看到的，焦慮不只是正常的，通常還很必要。

另一方面，對於很多（而且可能越來越多）人來說，焦慮是一個重大問題。詩人奧登在一九四七年出版了《焦慮的年代》。那首長詩現在看起來更像是預言未來的非凡壯舉，而不是奧登當初打算寫的——針對戰後社會做評論。舉例來說，美國主要的心理健康調查指出，有百分之十八的成人在過去十二個月裡，經歷過某種類型的焦慮症。這個數字僅指涉嚴重到需要醫療診斷的焦慮。即使如此，這指出光是美國就有大約四千萬成人苦於臨床程度的焦慮——這是一項驚人的統計數字。

還有更多人在跟程度尚未符合生病標準的焦慮搏鬥。英國的心理健康基金會調查報告指出，有百分之三十七的成人覺得比過去更害怕，也更焦慮。接受調查者中有四分之三表示，過去十年來，這個世界變得更令人害怕；而幾乎三分之一（百分之二十九）的人承認，焦慮與恐懼驅使他們改變自己的行為舉止，阻止他們去做自己本來希望能做的事。

在量尺的另一端，日常焦慮就像任何其他情緒一樣自然——而且有益。我們都知道感到焦慮是什麼意思；我們有第一手的經驗，有時候還會定期產生這種感覺。如果我們要你寫下五個詞彙來形容焦慮，毫無疑問，你不需要深思太久。

一則（非常）簡短的焦慮史

焦慮的英語「anxiety」有著古老的根源。就像它的歐洲同源詞「*angoisse*」（法語）、「*Angst*」（德語）、「*angoscia*」（義大利語）及「*angustia*」（西班牙語），這個詞彙源於古希臘字根「*angh*」，在意思是「壓緊」、「扼住」、「被哀慟壓倒」，「負荷」、「負擔」與「麻煩」的古希臘詞彙裡也都可以看到此一字根。在這種大體上並不愉快、被我們稱為焦慮的經驗裡，很容易偵測到前述那些感受的回音。「*angh*」接著就進入了拉丁詞彙裡，像是「*angustus*」、「*ango*」與「*anxietas*」，全帶有狹窄、緊縮與不適的含義——就像另一個已成爲現代醫學術語一部分的拉丁詞彙：「*angina*」（心絞痛）。

「焦慮」這個詞彙可能很古老，但在十九世紀晚期以前，卻鮮少被當成一種心理學或精神醫學概念使用，直到二十世紀才變得普遍。路易斯曾經注意到，一九二七年的《心理學摘要》列出了三篇探討「焦慮」的學術論文；一九三一年是十四篇，一九五〇年是三十七篇，一九六〇年則是兩百二十篇。

這並不是說，有任何證據指出焦慮的經驗（相對於這個詞彙的使用）在過去比現在更不正常、更不普遍；如果眞是這樣就很令人震驚了。數個世紀以來的文學、宗教與醫學文獻裡，都經常描述恐慌與恐懼的感覺，還有通常伴隨著這些情緒而來的身體改變，像是顫抖、心悸跟呼吸加速。

然而，這些感官經驗鮮少被指稱爲「焦慮」。此外，它們通常被解釋成道德或宗教性缺陷的產物，或者是器質性的生理缺陷或疾病。在十八與十九世紀，大家對於「神經疾病」的興趣大幅增加，但我們現在會描述成焦慮的症狀，被認爲本質上是源自於生理因素。科學辯論把焦點放在哪種特定身體疾病要爲此負責的問題上。

例如十九世紀中葉傑出的法國精神科醫師莫海爾（一八〇九—一八七三）就認爲，焦慮的症狀是被神經系統的疾病所觸發的。另一方面，深具影響力的匈牙利耳鼻喉科醫師克里斯哈伯（一八三六—一八八三）則相信焦慮是由心血管異常所導致，這個問題可以靠著攝取咖啡因來導正。（現在已知咖啡因會增加焦慮感，克里斯哈伯推薦的療法就顯得相當諷刺。）而維也納大學的神經學教授班乃迪克特（一八三五—一九二〇），則是把恐慌發作時常會經歷的暈眩感歸咎於內耳問題。

直到一八九五年，精神分析的創始人佛洛伊德（一八五六—一九三九）發表了一篇開創性的論文，「焦慮」一詞才開始迅速崛起。這篇論文的標題直指重點：〈把一個特定症候群從神經衰弱症中分離出來，放到「焦慮性精神官能症」描述下的立論依據〉，佛洛伊德主張焦慮症應該與其他形式的神經疾病（或神經衰弱）有所區別。

當然，佛洛伊德是用德文寫的。把佛洛伊德的作品翻譯成英文的史崔奇，敏銳地察覺到把德文「*Angst*」詮釋成「焦慮」會導致的問題：「(「*Angst*」可能)被翻譯成另外六種同樣常見的英文詞彙之一，像是「fear」(恐懼)、「fright」(驚駭)、「alarm」(驚慌／警戒)等等。要把某個簡單的英文詞彙固定成它的唯一翻譯，是相當不實際的。」然而，這個用法卻被固定下來了。

「焦慮」這個詞彙在今日的心理學與精神醫學思維中占據的核心位置，大半是佛洛伊德針對這個主題的作品所留下的遺產，雖然就像我們在第二章會看到的，佛洛伊德在這方面的理論現在大半不再有人相信了。不過其他影響仍在發揮作用。其中之一是二十世紀中葉人們對丹麥哲學家齊克果（一八一三—一八五五）的作品重新燃起興趣，特別是他的「*Angst*」(「焦慮」，或譯「憂懼」)概念；這是一種極度痛苦的恐懼，來自於我們覺察到自己既有行動的自由，也對這些行動有責任。齊克果還有他對焦慮的思維，對於像是沙特（一九〇五—一九八〇）跟海德格（一八八九—一九七六）這樣著名的存在主義哲學家有重要的影響，雖然他們的焦慮觀念，跟今日心理學家會定義的焦慮相距甚遠。

然後還有第一次世界大戰導致的彈震症（shell-shock）非常明顯地大流行。說真的，在英國幾乎每個社區都有人曾在戰時承受種種恐怖，並因此苦於嚴重精神困擾。（今天，這些人會得到的診斷不是彈震症，而是**創傷後壓力症**，你可以在第十章讀到更多相關內容。）

焦慮是一種情緒

關於焦慮的理論為數眾多，但科學家都同意，這是一種情緒。確實，恐懼通常被視為五種基本情緒之一，跟哀傷、快樂、憤怒與厭惡並列。（如同我們稍後會看到的，「焦慮」與「恐懼」這兩個詞彙普遍被當成同義詞使用。）我們說「基本」的意思是，人類會最先發展這些情緒，時間點通常是在出生後六個月內。

這全都很好，不過我們說「情緒」一詞的時候，到底是什麼意思？這個概念還在爭議中，但有個普遍共識是，情緒是複雜的現象，一般來說會影響我們的思維、身體與行爲。有證據顯示每種基本情緒都牽涉到一種獨特的臉部表情，在某種程度上也牽涉到一種不同的身體（或「生理」）反應。在我們開始覺察到這些變化（不論是一種還是許多種）的時候，我們就會感覺到一種情緒。

當前的心理學思維在這個觀念上形成共識：情緒是強烈而有意識的感受，被我們對某個特定事件或情境的評估——或「評量」（appraisal）——所觸發。那種評量可能是有意識或無意識的，決定了我們會感受到哪種情緒。比方說，如果我們感覺到成功，我們就很快樂。如果我們覺察到自己受委屈或者受挫了，我們就會體驗到憤怒。而要是我們自認爲有危險，我們就感覺恐懼。

但爲什麼我們需要情緒？如果我們不受恐懼、哀傷或厭惡的影響，生活不會是會更愉快嗎？事實上，少了這些情緒，我們的生命幾乎可以肯定會短上許多。情緒幫助我們生存茁壯，並且繼續傳遞我們的基因。就像頂尖的情緒心理學家艾克曼所說的，情緒是「透過它們處理基礎生活課題的適應價值演化出來的」。所以，舉例來說，我們的祖先在發展出一個有用工具後感受到的快樂，鼓勵他們重複這個經驗；跟朋友還有親人分離的哀傷，幫助他們保持重要的社會聯繫；而焦慮有助於確保他們不會到頭來變成某隻野獸的大餐。

心理學家根據持續的時間長度來定義情緒狀態。研究指出，最初的生理反應——包括面部表情——一般來說只持續幾秒鐘。情緒的持續長度從幾秒到幾小時不等。如果它持續得更久，就會被指爲**心情**（mood）；而要是我們有用這種方式反應的傾向，這就是我們**人格**（personality）的一部分。

情緒對我們來說太重要了，所以不讓人意外的是，我們通常能極其成功地解碼他人的感受。舉例來說，班斯與薛勒所做的研究顯示，人光聽某個人的說話語調，不用聽他們實際上說了什麼，就能熟練地辨認出情緒。（班斯與薛勒指導演員說出沒有意義的片語，藉此避免參與者從使用詞彙的意義裡猜到情緒。）

其他研究已經揭露，人通常能夠經由碰觸來解碼情緒。美國有一群研究人員把實驗參與者分成兩兩一組，讓每一組人坐在有一塊黑簾幕隔開的桌子兩側。接著，其中一人嘗試只靠觸碰另一個人的手臂來傳達出一連串情緒：憤怒、厭惡、恐懼、快樂、憂傷、驚訝、同情、尷尬、愛、嫉妒、驕傲與感激。

負責觸碰的人傾向用類似的技巧來溝通特定的情緒：例如用撫摸來暗示愛，或者用顫抖來表示恐懼。而參與者在猜測被傳達的是哪些情緒時，他們的判斷通常非常正確。所以，如果我們不知道周遭的人有什麼感覺，可能只需要稍微多注意一下他們幾乎免不了會送出的訊號。

焦慮與演化：戰或逃

如果你已經從我們剛才對情緒提出的解釋裡察覺到達爾文的理論，你是對的。的確，情緒就是達爾文一項迷人研究的主題，《人與動物的情緒表達》。此書出版於一八七二年，長期以來一直被達爾文的革命性作品《物種起源》（一八五九）蓋過鋒芒。不過，在被忽略數十年後，《情緒表達》開始對科學思維產生了強烈的影響。

達爾文認爲情緒主要是表達行爲：自然而然的、無意識的，且大半是天生的（而非學習到的）生理變化、面部表情與行爲。讓達爾文特別感興趣的，是代表每個情緒特徵的一系列行動與可見的身體變化。這些動作與表情都幫助人體驗到情緒，並且送出訊號給他或她周遭的人。在恐懼的例子裡，達爾文注意到：

> 眼睛跟嘴巴張得大大的，眉毛也揚了起來。受驚嚇的人起初像雕像那樣站著，不動也不呼吸，或者蹲了下來，就好像本能地要逃避觀察。心跳快速而猛烈……皮膚立刻變得蒼白……（而且冷）汗從中滲出……皮膚上的汗毛直豎……變得口乾……

如同達爾文的書名所表明的，他並不把情緒看成是人類獨有的屬性。確實，達爾文花了相當多的心力，強調動物與人類的經驗以及情緒表達之間的連續性（以及不同之處）。例如，他寫道：

> 對於所有或者幾乎所有動物，甚至是鳥類來說，驚恐都會導致身體顫抖

圖1｜達爾文的《人與動物的情緒表達》中的一幅「驚恐」插圖。

……至於毛髮不由自主地豎起（通常是由恐懼所導致），我們有正當理由相信，在動物的例子裡，這種行為……跟某些自發性的動作合併起來，會讓牠們在敵人面前看起來很可怕；而同樣的不自主或自發行為在與人類有親緣關係的動物中也可以見到，這讓我們相信，人類透過遺傳保留了一個殘餘系統，現在已無用武之地。

達爾文堅持人類表達情緒的方式幾乎總是一樣的，不分族裔，這在當時也同樣是具有爭議性的看法。

恐懼的表達就講到這裡。那焦慮的適應性功能在哪？它到底是如何幫助我們的？經典的解釋是在一九一五年由哈佛生理學教授坎農（一八七一——一九四五）所提出。他創造了「戰或逃」（fight or flight）一詞，用來描述動物面對危險的典型反應。焦慮的目的是警告我們注意潛在威脅，並讓我們有所準備，做出適當的反應。同時送出訊號給其他人，讓他們知道需要提高警覺。

焦慮的三系統理論

焦慮啟動了一連串的生理變化，這些變化都是爲了幫助我們完全專注於處理突如其來的生存威脅。這些變化都跟所謂的自律神經系統（autonomic nervous system, ANS）有關，這個系統的工作就是監督基本生理過程——例如呼吸、體溫調節與血壓。自律神經系統包含兩個互補子系統：交感神經系統（sympathetic nervous system, SNS），這個系統讓身體做好應對危險的準備；還有副交感神經系統（parasympathetic nervous system, PNS），這個系統控制並平衡交感神經系統的狂熱活動。

舉例來說，交感神經系統會提高我們的心率，容許血液更快到達我們的肌肉（在某些例子裡，快了百分之一千二）。我們的瞳孔放大，水晶體放鬆，讓更多的光到達眼睛。消化系統會暫停運作，導致唾液減少——因此我們害怕時通常會感到口乾舌燥。新的研究指出，人在害怕時會擺出的典型臉部表情——眼睛睜大、鼻孔擴張、眉毛揚起——實際上可以幫助我們看得更清楚，並且更有效率地偵測氣味：這些屬性在危險情境下，可以發揮重要的作用。如果少了恐懼與焦慮，人類肯定很久以前就消失了。畢竟，無法辨識危險並做出相應反應的生物，只適合成爲別人的獵物，渡渡鳥無疑證明了這一點。

如同我們已經看到的，達爾文強調了我們表達自身情緒的方式。這很明顯是個關鍵組成要素，卻沒有告訴我們完整的故事。情緒不只是我們面部特徵的配置，或者我們控制身體的方式。這是心理學家藍恩提出「三系統」焦慮模型時所要表達的。藍恩認爲，焦慮會以三種方式表現：

1. 我們說了什麼，以及我們如何思考：例如擔心某個問題，或者表達恐懼或擔憂。
2. 我們的行爲表現：例如避免某些情境，或者一直警戒防範麻煩事。
3. 生理變化：例如心跳加快或呼吸更急促，還有臉部表情。

這三種系統只是鬆散地彼此相關。如果我們想知道某個人是否焦慮，我們不能只依據他們告訴我們的感受來下判斷；他們可能在掩飾自己眞正的情緒，甚或沒有察覺到那些情緒。同樣地，某人參與一項活動，並不表示他們對此不感到焦慮（就像一個人可能會爲了恐懼以外的許多理由，迴避去做某件事）。而且，你明明正在焦慮卻沒感覺你的胃好像在打結、或者你的心臟快要從胸口跳出來，是相當有可能的。

焦慮的定義

請先謹記在心，焦慮還沒有單一的定義，現在讓我們看看幾個有幫助的嘗試。第一個是來自《精神疾病診斷與統計手冊》，簡稱DSM，這是心理衛生專業人士判斷標準的資料來源，由美國精神醫學學會彙編。根據《精神疾病診斷與統計手冊》，焦慮是：

> 對未來的危險或不幸產生的憂懼預期，伴隨著一種煩躁不安的感覺，或

者緊張的身體感受。預期危險的焦點可能是內在或外在的。

美國心理學家巴洛則是給了一個術語沒那麼多的定義：

> 焦慮是一種**趨向未來的**（future-oriented）情緒狀態，這時候一個人已準備好或者預備要嘗試應付即將來臨的負面事件……如果把焦慮形諸文字，一個人可能會這麼說：「那種恐怖的事件可能會再發生一次，我可能應付不了，但我必須準備好去做這個嘗試。」

兩種定義都強調了這一點：焦慮是一種情緒（雖然《精神疾病診斷與統計手冊》用了「感覺」這個詞彙，巴洛則用了「情緒狀態」這個說法）。我們都知道，焦慮一點都不好玩；《精神疾病診斷與統計手冊》裡用上「煩躁不安」（dysphoria，用來形容不快心情的心理學術語）一詞就是這個意思。我們的身體可能會有點不尋常（胃在翻攪，眼睛睜大，心跳加速）——因此《精神疾病診斷與統計手冊》提到「身體的」感受。而這一切的根源，是我們可能正在面對嚴重問題的感知。

壓力是一個與焦慮密切相關卻稍有不同的概念。壓力的定義是：我們認為自己無法應付眼前的要求時會有的那種感覺。它由兩種元素組成：一個問題，還有一種自我感知（具體來說，就是我們無法處理當前這個問題）。就像焦慮，壓力根植於戰或逃系統。它可以觸發一系列的情緒反應，其中往往包括焦慮。

你可能也在納悶，焦慮跟恐懼之間有何差別。事實上，這兩個詞彙常常被互換使用，而我們在這本書裡也這麼做。話雖如此，某些研究者確實做出了區別，一般來說，這種區別是以我們的情緒對象為中心。恐懼通常有個明確的對象——或許是我們游泳時看到鯊魚鰭，或者在高速公路上看到旁邊的車子危險駕駛——而恐懼通常有某種緊急反應的功能（處於「輕微驚嚇」的狀態可說是一種自相矛盾的說法）。不過在談到焦慮的時候，事情通常就沒那麼明確了。不同於我們確切知道是什麼嚇著我們——而且一旦威脅過去，我們的恐懼很快就會消失——我們對於自己爲何感覺焦慮可能一點線索都沒有。就像荷莉．高萊特莉在《第凡內早餐》裡說的：「有某件壞事要發生了，只是你不知道那是什麼。」

焦慮這種感受通常不像恐懼那麼強烈。它可能看似含糊又形態不定——正因爲如此，我們很難擺脫。畢竟，如果我們不知道是什麼讓我們焦慮，就很難知道要怎麼對付這個問題。某些專家提出看法，說焦慮就是在我們無法、或者不知道如何採取行動對付威脅的時候，會感受到的那種情緒。所以一條大狗齜牙咧嘴衝向我們，很可能刺激我們害怕地拔腿狂奔；對死亡的擔憂更有可能採取的形式是讓人不得安寧的焦慮，而不是直接了當的恐懼。

如果焦慮是正常的，我們如何能夠分辨焦慮是否過頭了？在哪一刻，司空見慣的普通焦慮會變成需要注意的臨床問題？每個案例都必須根據自己的脈絡做判斷，不過一位心理衛生專業人士會考慮以下幾點：

・個案是否變得過度焦慮（他們的焦慮就像過度敏感的汽車警報器）；

．焦慮是否基於對危險不切實際或過度的感知；
．焦慮影響這個人多久了；
．這種焦慮對個案來說有多難受；
．焦慮干擾個案的日常生活到什麼程度。

他們接著會設法把個案的經驗，對應到主要精神醫學診斷系統歸類出的六種類型的焦慮症，而我們會在第五章到第十章中加以描述。

如果你擔心自己的焦慮程度，可以在附錄中找到許多特定疾患的自我評估問卷。

第二章 焦慮理論

如同我們在第一章看到的，在二十世紀以前，醫生與科學家鮮少使用「焦慮」一詞。然而，隨著對焦慮的興趣日益增加，我們已經發展出一個日漸豐富又多樣化的理論著作體系，致力於理解焦慮。

在這一章裡，我們會從十九世紀末的觀念到最近的發展，檢視以下四個焦慮的關鍵面向：

- 精神分析的
- 行為的
- 認知的

·神經生物學的

焦慮的精神分析理論

我們對心理歷程的研究越深入，就越體認其豐富與複雜。幾個起初似乎符合我們需要的簡單公式，後來卻被證明是不夠的……在這裡，在我們處理焦慮之處，你是在一種不停變動與變化的狀態下看待所有事物。

（佛洛伊德，〈焦慮與本能生活〉）

焦慮研究有一位具有影響性的歷史人物，就是精神分析的創始人，佛洛伊德。佛洛伊德在維也納大學接受醫學訓練，主要研究神經學（神經系統疾病的研究與治療）。到了一八九〇年代，佛洛伊德開始相信，他的許多病患表現出來的症狀並非身體神經系統疾病的產物，而是因爲他們無法處理看不到也意識不到，而且主要來自性心理驅力所造成的問題。這項洞見成爲精神分析的基石，至少直到一九七〇年代，精神分析都還是歐美治療精神困擾的主要形式。

佛洛伊德一八九五年發表的論文，〈把一個特定症候群從神經衰弱症中分離出來，放到「焦慮性精神官能症」描述下的立論依據〉中，明顯表現出他對焦慮的興趣。如同標題所指出的，這篇論文的主要目的是把佛洛伊德所謂的「焦慮精神官能症」（*Angstneurose*），從其他形式的神經疾病（或者神經衰弱症）中區分出來。

「焦慮精神官能症」的症狀是什麼？佛洛伊德列出以下幾點：

- 易怒。
- 根深蒂固而令人痛苦的悲觀主義；相信災難即將到來。佛洛伊德稱這個特徵爲「焦慮的預期」（anxious expectation）。
- 恐慌發作，通常牽涉到像是呼吸困難、胸痛、冒汗、暈眩與顫抖等身體症狀。
- 夜間在恐懼中醒來。

- 暈眩，在這種狀況下，一個人會體驗到「地面搖晃、腿軟而且無法站立的感覺」。
- 恐懼症。
- 感覺噁心、極度飢餓或是腹瀉。
- 皮膚的刺痛感（針刺般的感覺）或麻木。

佛洛伊德主張，與其他神經疾病不同，焦慮精神官能症的起因是未能適當滿足逐漸升高的性興奮。佛洛伊德引用了「刻意禁欲」的男女案例；男性「處於未完成的興奮狀態」，例如他們訂了婚，卻還沒結婚；女性則是「丈夫苦於早洩或者性能力明顯受損……（或者）丈夫採用性交中斷法（coitus interruptus）或保留性交（reservatus）。」

考慮到精神分析完全把重點放在心靈的優先性，相當反諷的是，在一八九五年佛洛伊德相信焦慮是由**身體**因素所導致的。性興奮確實對心理具有深遠影響，觸發了對性滿足的欲望，但它的本質是生理性的。佛洛伊德主張，在男性身上，它是由「精囊內壁上的壓力」構成的。佛洛伊德認爲女性身上也發生了類似的過程，雖然他不知道這個過程可能是什麼。

然而佛洛伊德對於焦慮的觀點，在數十年間發生了相當大的變化。他在一九三二年的講稿〈焦慮與本能生活〉中總結了自己後來的立場。神經質焦慮（neurotic anxiety）的根源仍然在於性能量，但此刻這種能量基本上被視爲是心理性的，而非生理性的。

你可能已經注意到這裡用了「神經質的」（neurotic）這個詞彙。這是因爲佛洛伊德在此時已經區別了對眞實危險做出合理反應的焦慮，以及所謂的神經質焦慮，後者是過度而非理性的。現實性焦慮（realistic anxiety）起於外在環境的威脅；神經質焦慮則是來自內在，雖然我們沒有覺察到它眞正的起因。現實性焦慮對我們有幫助；神經質焦慮則會讓我們的生活變得很痛苦。

佛洛伊德焦慮理論的關鍵，在於他所說的「本我」（id），也就是狂野而原始的本能欲望心靈蓄水池。對於這些深埋在我們無意識之中的欲望，管控它們的工作落在佛洛伊德式心理結構的第二個部分，「自我」（ego）身上。在自我沒能完成這個艱難的任務時就會產生神經質焦慮，從而壓抑了欲望。佛洛伊德也認爲，我們的焦慮發作，讓我們回想起自己第一次正面遭逢危險：出生的創傷。我們體驗到的每個焦慮恐懼，都是這個基礎事件的回音。

佛洛伊德最知名的案例研究之一，小漢斯，闡明了他成熟的焦慮理論。漢斯是個五歲大的男孩，他產生了一種對馬的恐懼。佛洛伊德主要是根據漢斯的父親傳達的訊息進行研究，他主張漢斯的馬匹恐懼症，實際上是害怕自己對母親的無意識性欲望，並且在無意識中預期他父親會爲此加以報復。這「不可接受的」恐懼——不可接受是因爲這是來自他對母親的伊底帕斯式迷戀——被轉換成一種比較能接受的恐懼症。現實性恐懼與神經質恐懼之間的明確區別因此被顚覆了：佛洛伊德顯示出每種神經質焦慮的根源，都是對外在危險的恐懼（在這個案例裡是懲罰，可能是透過閹割的手段，由父親動手執行）。

佛洛伊德無疑是二十世紀最有影響力的思想家之一，然而現在科學家認爲他的觀念大致上無關緊要了。如同心理學家拉赫曼曾經寫過的：「這整個領域，包括焦慮理論在內，在理論構成上很豐富，卻缺乏方法論的嚴謹性，也缺乏事實。」

焦慮的行爲理論

焦慮是一種習得反應。

（莫勒）

心理學史上最著名的實驗之一，是一九二〇年在倫敦進行的。實驗指導者是當時英美心理學界的明星，華生（一八七八—一九五八）。華生是「行爲主義」的領導者，這個學派將會在二十世紀大半時間主導學術心理學的研究取向。

行爲主義強烈反對馮特（一八三二—一九二〇）與詹姆斯（一八四二—一九一〇）開創的學術心理學，以及在歐洲迅速成爲理解與治療心靈及其疾病主流方式的精神分析。

一如其名稱所指出的，行爲主義把人類與動物的行爲當成它的研究主題

（在行爲主義眼中，人獸之間沒有本質上的差異）。華生甚至主張，對於真正的科學心理學來說，唯一適切的研究主題就是行爲。思想、情緒、夢——全都不相干。如何能對這樣的現象進行科學研究呢？華生在一九一三年的「行爲主義宣言」裡這麼寫道：

> 心理學……是自然科學的一個純粹客觀的實驗分支……它的理論目標是行為的預測與控制。

對華生與他的追隨者來說，所有行爲都有一個簡單的解釋：是我們「學會的」。而這把我們帶回那個一九二〇年的知名實驗。一九二〇年，跟華生共同領銜主演的另一位明星，是一個因爲華生（還有他的助理及未來的妻子，羅莎莉·雷納）而名垂千古的嬰孩，被稱爲「亞伯特·B」。

亞伯特·B九個月大，是倫敦的哈莉葉巷病童之家中一位奶媽的兒子。華生與雷納先測試了亞伯特對於一系列物體的反應，包括白鼠、兔子、狗、脫脂棉，還有燃燒的報紙。根據心理學家的說法，亞伯特是個快樂、健康又堅忍的孩子——他看起來對一切都相當滿意。

幾星期後，華生與雷納第二次讓亞伯特看那隻白鼠。這一回，亞伯特一碰那隻白鼠，心理學家就拿鐵槌敲擊一根鐵棒，製造出一種突如其來又響亮得嚇人的噪音。在接下來幾週裡，他們發現亞伯特開始會害怕白鼠了，就算沒有敲鐵棒的時候也一樣。而且不只如此：這孩子也害怕在某方面肖似白鼠的物體，像是兔子，甚至是華生的頭髮。

華生跟雷納用「制約」(conditioning）一詞來描述這種過程：學會害怕某個沒有威脅的中性物體或情境，因爲它跟另一個更明顯讓人害怕的事件一起出現。在這方面，他們受到俄國科學家巴夫洛夫（一八四九—一九三六）極大的影響。巴夫洛夫做過一個著名的實驗，證明一旦某個既定刺激（例如節拍器）跟食物連結起來了，狗就會學會以牠們對待食物的那個反應（流口水）來回應那種刺激，即使眼前並沒有出現食物。

華生與雷納以亞伯特．B的例子當成證據，用來支持他們的理論——所有恐懼都是制約的結果，而我們通常是在童年時期學會它們：

> 孩子的早年家庭生活，提供了一個建立制約情緒反應的實驗室環境。

他們主張，制約解釋了不理性的恐懼與恐懼症是如何發展出來的：

> 許多精神病理學上的恐懼症，很可能是真正的制約情緒反應……

當然，一個嬰兒不算是科學上穩固可靠的樣本；另一方面，華生大部分的實驗都是在大鼠身上進行的。

行爲主義對於焦慮的觀念，後來由美國心理學家莫勒（一九〇七—一九八二）進一步發展。在被稱爲焦慮的「兩階段理論」中，莫勒認爲焦慮——特別是要迴避焦慮的那種欲望——是人類行爲的關鍵驅動力：

焦慮（恐懼）是疼痛反應的制約形式，有極其有用的功能，能激發並強化傾向於避免或防止疼痛再次發生的行為。（強調為莫勒所加）

莫勒強調經驗的驅動力量，這種強調預示了哈佛心理學家史金納（一九〇四—一九九〇）的操作制約理論（operant conditioning theory）。史金納把焦點放在我們的行爲對周遭的世界造成的影響。如果影響是正面的，我們學會重複這個行爲；負面的影響則教導我們下次做不同的嘗試。所以，舉例來說，因爲我們知道一隻憤怒的比特犬可能在我們身上施加多大的痛苦，也知道牠衝向我們的時候我們會感受到的驚恐，因此在我們經過一隻比特犬的時候，我們會小心不做出任何突然或帶有威脅性的動作。

在碰上眞正的風險時，這樣的行爲極其明智。不過莫勒的理論也幫忙解釋了不理性的焦慮如何能夠扎根。一個因爲飛行觸發焦慮而避免飛行的人，讓自己沒機會發現自己的恐懼其實是被誇大了：在墜機中死亡或受傷的機率很小，而看似排山倒海的恐懼終究會消散。因爲避免這種情況，只會讓我們的焦慮變本加厲。

焦慮的行為主義研究取向，很難為幾個重要問題提供令人滿意的答案。舉例來說，為什麼在體驗過驚恐經驗——例如車禍——的許多人中，只有某些人會進一步發展出害怕再度搭車旅行的恐懼症？為什麼許多人會對自己從未經歷的情境發展出恐懼症？要是根據傳統制約理論，我們可以學會害怕任何中性的刺激，為什麼某些恐懼比其他恐懼更常見？為什麼有這麼多人害怕高處與動物，卻很少人被樹木或巧克力嚇壞？

更近期的研究至少為某些這樣的難題提出了解釋。舉例來說，很明顯地，我們不必親身經歷一個事件，才會害怕它再度發生。我們可以從別人的舉止、還有他們告訴我們的話裡學習恐懼。所以如果一位家長有某種恐懼症，他們的孩子有超乎平均的機率也會發展出同樣症狀。而某些恐懼可能是演化內建的。因此，雖然我們可能從來沒遭遇過蛇或危險的蜘蛛，我們的祖先卻對牠們的潛在危險有豐富的經驗。我們可以用相同的方式來理解很常見的懼高。這些明顯殘留的恐懼是人類史前的遺跡，被心理學家稱為「先得」（prepared）的恐懼。

行為主義並未對焦慮提供完整的解釋。（如果有，那會很了不起！）不過它的貢獻很巨大。許多恐懼確實是習得的，即使不是以相對原始的古典制約形式所學習到。確實，從經驗中學習並制定計畫來迴避未來危險的能力，肯定是人類整體發展成功的部分原因。如同莫勒所寫的：

人類心智前瞻思考、激起焦慮的傾向，比低等動物更發達，這個事實可能解釋了人類的許多獨特成就。

行為主義也深刻影響治療焦慮問題最成功的某些策略。舉例來說，南非心理學家沃爾普（一九一五—一九九七）發展出「行為減敏」（behavioural desensitization）療法來處理恐懼與恐懼症。這個技巧涉及讓個人逐漸暴露於他們所恐懼的情境——例如高處或蛇——好讓他們可以學會實際上沒什麼好怕的，現在還是恐懼症的標準治療方式。

行為主義的遺緒還可以見諸於今日最普遍的心理治療形式：認知行為療法

（cognitive behaviour therapy, CBT）。認知行爲療法源自於一種洞見：沒有幫助的想法、感覺與行爲，並不是天生的，而是習得的。而因爲它們並非天生，就可以「反學習」（unlearned）——而且在治療師的幫助下，通常可以用快得驚人的速度辦到。

焦慮的認知理論

基礎觀念是，被體驗到的情緒，是事件經過詮釋或評量的方式所導致的結果。是事件的意義觸發了情緒，而不是事件本身。對事件做出的特定評量，會視事件發生的脈絡、事發當時當事人的心情還有過去的經驗而定。

（薩爾科夫斯基）

行爲主義把焦點完全放在能於實驗室中研究的人類生活面向，在二十世紀大半時間裡主宰了美國與英國的學術心理學界。不過在一九五六年，隨著所謂的「認知革命」出現，狀況開始有了改變。認知主義（Cognitivism）的目標，在於辨識並理解人類思維模式底層的基本歷程；行爲主義則謝絕研究思維，因爲思維不是你可以直接觀察的那種東西。

奈瑟（一九二八—二〇一二）一九六七年的開創性作品《認知心理學》，概述了這種新的研究路線。它的主題是：

> 感官輸入值被轉換、化約、複雜化、儲存、復原並使用的所有歷程……像是感覺、感知、意象、記憶保留、回憶、解決問題與思考這類術語，都指涉假設性的認知階段或面向。

爲了釐清這些過程，認知心理學家使用來自當時另一個新興領域「電腦」的隱喻來詳細闡述它們。感官訊息被描繪成由大腦接收，然後透過一系列二元的是／否步驟來處理，就像被許多電腦程式當成發展基礎的流程圖一樣。到了今日，模型更加成熟：不是由腦部的某個特定部分一次處理一個輸入值的線性流程，而是多重心理歷程在一個複雜、多層次的「神經網絡」裡，同時串連發生。

認知主義現在是當代心理學的主流。所以，關於焦慮，它要告訴我們什麼？

或許，認知主義的關鍵見解是，焦慮——就像其他情緒——起於我們對情境的「評量」(appraisal)。這種評量或詮釋一開始可能不是一個有意識的過程；通常是一種「直覺」。我們的感官功能如同一個早期警報系統，捕捉到某個有潛在重要性的事情，然後把它傳遞到我們大腦中比較理性、深思熟慮的部分去考慮。在我們偵測到沒有自信能夠處理的威脅時，我們就會感覺到焦慮。後來這些對威脅的有意識思考至關重要，而它們正是現代針對嚴重焦慮的心理治療打算改變的部分。

舉例來說，想像你在大清早被樓下的噪音弄醒了。你如何詮釋那種噪音，會決定你的情緒反應。如果你認定那是你的貓在到處乒乒乓乓，你可能對於被打擾感到輕微惱怒，然後就翻個身回去睡覺了。不過如果你相信那可能是竊賊

（而非你的寵物貓）弄出的聲響，幾乎可以肯定的是，你會陷入焦慮，然後意識清醒地躺著，思考自己是否該去查個究竟。決定我們情緒狀態的並不是事件本身，而是我們理解事件的方式。

察覺到的威脅可能是外在的——就像夜間的噪音——或者是內在的。例如，恐慌發作通常是被錯誤信念所觸發，誤信某種古怪但其實正常的生理感受——或許是胸口的緊繃感，或是手臂上的一陣刺痛——是嚴重疾病（像是心臟病發）的症狀。焦慮甚至可能觸發惡性循環，例如當焦慮的身體表現（例如喘不過氣、心跳加快、噁心感等）被當成即將倒下或死亡的確切證據，又接著導致更嚴重的焦慮的時候。此時，關鍵仍然在於個人對於這些內在訊號的評估。這表示，如果你改變你的思維，你就能改變你的情緒。

不過爲什麼一個人把跑上樓梯後有點喘不過氣當成死期將近的徵兆，另一個人卻幾乎沒注意到此事？爲什麼一個人認爲夜間的噪音沒什麼好擔心，另一個人卻發現自己爲此焦慮到無法動彈？答案在於我們的先入之見、觀念與習慣性的思維過程——認知行爲療法創始人貝克稱之爲「基模信念」（schematic beliefs）。[1] 這些基模信念是透過我們的生命經驗塑造出來的。它們極其根深蒂固又自動化，以致於我們通常習焉不察。

認知基模並非本質上就是負面的——它們讓我們可以迅速適應自己所處的環境。不過貝克發現，有焦慮症的人通常對自己、對周遭的世界與未來（這稱之為「認知三角」〔cognitive triad〕），抱有毫無助益的基模信念。例如：

- 「做最壞的打算總是最明智的。」
- 「麻煩可能會在任何時刻來襲；我必須隨時做好準備。」
- 「我是個脆弱容易受傷的人。」
- 「我必須掌控一切。」

如果我們相信這樣的事情，就很可能高估我們面對的威脅，而低估我們應付威脅的能力。

焦慮問題如果不治療，可能會極端持久。但爲什麼會這樣？焦慮的人可以花大量時間，擔憂他們從沒發生過、將來也確實不太可能發生的事情。爲什麼他們意識不到他們的焦慮不合時宜？爲什麼他們沒有從經驗裡學到這點？

這是一個受到臨床認知心理學家高度關注的問題。他們的一個關鍵發現是，有焦慮問題的人會採取一系列經過設計的策略——被稱爲「安全行爲」（safety behaviours）——以避免他們害怕的任何事情發生。所以舉例來說，恐懼社交情境的人會設法避免社交活動；如果無法避免，他們就會仰賴其他技巧，像是確保有一位友人會跟他們一起出席，盡可能穿得不引人注目，並且保持低調。這些安全行爲可能會在短期內減少焦慮，卻也阻礙我們去發現，我們充滿恐懼的念頭毫無根據——因此終究還是強化了我們的焦慮。

研究人員以貝克的研究爲基礎，辨識出其他潛在並維持焦慮症的「認知偏

1 貝克（一九二一—二〇二一）被公認爲認知行爲療法之父，認知行爲療法是治療焦慮問題最有效的方式。他是世界上最重要的精神疾病研究者之一，身兼賓州大學精神病學榮譽教授暨貝克認知行爲療法研究所（Beck Institute for Cognitive Behavior Therapy）創辦人。美國心理學會譽其爲「史上最具影響力的五位心理治療師之一」。

誤」。就像安全行爲，看似是爲了避免焦慮而設計的思維與行爲模式，到頭來卻只會增強焦慮的掌控力。比方說，有焦慮問題的人對可能的威脅極度警覺。不過因爲他們的注意力太專注於潛在的危險，往往會忽略不符合這種陰暗世界觀的事件。這反而可能導致高估了危險發生的機率（心理學家稱之爲「威脅預期」〔threat anticipation〕），還有大量的假警報——這些都只會爲焦慮的生長提供肥沃的土壤。

人們傾向對含義模稜兩可的事件做出負面詮釋。考慮到我們會遇到的這麼多情境在本質上都是模稜兩可的，這是個特別的問題；因爲我們通常極難知道其他人實際上的想法與感受。有個關於這種「注意力偏誤」（attentional bias）的生動例子，是由一個實驗所提供的：參與者被要求拼出一系列異義同音字（聽起來一樣但有不同意義的字彙），例如「die」（死亡）／「dye」（染色），「slay」（殺戮）／「sleigh」（雪橇），「pain」（痛）／「pane」（窗格），「weak」（軟弱的）／「week」（星期），「guilt」（罪惡）／「gilt」（鍍金的）。參與者越焦慮，就越有可能會選擇拼出比較有威脅感的字。有焦慮症的人也會苦於令人不安，甚至是十分令人驚恐的影像，而非思維。有社交焦慮症的人在社交情境中，可能會對自己有完全不精確的心像。他們沒有理性地把事情想清楚，反而運用本能的「情緒推理」（emotional reasoning）。頂尖的焦慮認知心理學家克拉克解釋過：

這似乎是病患的一種可被觀察到的社會性自我的心理模式，這種模式來自早期社會化過程中所經歷的創傷，且會在後續的社交遭逢被重新啟動。

這一點尤爲重要，因爲研究顯示，圖像對情緒的影響要比思想強大得多。就跟其他認知偏誤一樣，這種對心像的易感性，讓焦慮得以延續並加劇。

焦慮的神經生物學理論

在談到偵測與回應危險的時候，（脊椎動物）大腦就是沒怎麼變。從某些方面來說，我們是情緒化的蜥蜴。

（勒杜）

在我們感到焦慮的時候，我們的大腦裡發生了什麼？神經造影技術可以讓腦中的生物化學活動被記錄並成像，在這門技術有相對較新的發展之前，科學家對此只能做推測。不過近年來已經有些了不起的進展，我們很快就會看到。

然而，首先要注意一件事。神經科學在很短的時間裡有了長足的進步。但就算我們眞的確切了解了我們的大腦如何運作——而我們實際上距離那個終點還遠著——也不會因此就能夠完整解釋我們的經驗。舉例來說，雖然現在科學家比過去要更確定焦慮牽涉到大腦的哪些部分，但一般的理解是，沒有情緒能夠被化約到只是一組腦內事件與結構。總是有其他層次的解釋，包括我們在這一章已經討論過的行爲與認知面向。

神經生物學家羅斯很巧妙地捕捉到這種解釋層次運作的方式：

心靈與意識的語言之於大腦與突觸的語言，就像是英語跟義大利語；一種語言可以被翻譯成另一種，雖然總是會損失一些文化上的共鳴。不過我們不必將其中之一放在首位。

焦慮也是如此；科學家從不同觀點切入這個議題，不過那些觀點沒有一個有優先性，而且所有觀點都互相關聯。最佳理論會把不同的層次連結起來，而我們接著就會看到，認知神經科學已經開始這麼做了。

早在神經造影技術問世之前，科學家就已經懷疑大腦的「邊緣系統」（limbic system）在製造情緒方面扮演重要角色。人類的邊緣系統跟大約兩億年前第一批哺乳動物身上的邊緣系統非常相似。它是前腦（forebrain）的一部分——從演化上來說，前腦是大腦比較近期發展出來的部分——並且在更古老的腦幹周圍大致圍成一圈（「邊緣」這個詞源自拉丁文的「邊界」）。它的工作是先於意識迅速評估情境，以便幫忙決定哪種情緒（還有因此而來的反應）是恰當的。

我們的情緒系統中還有另外兩個關鍵要素也坐落在前腦。大腦皮質（cerebral cortex）的「額葉」（frontal lobes）位於雙眼正後方，處理許多我們通常認爲屬於人類的典型任務，像是計畫、決策、語言，以及有意識的思考。額葉有意識地思考並且調節我們的情緒反應。

在這方面，額葉得到「海馬迴」（hippocampus）協助，海馬迴幫忙形成並儲存情境記憶——在額葉弄懂在某個特定情境中怎麼樣反應最好的時候，這些記憶是重要的基準點。

勒杜最早確認邊緣系統的某個特殊區域是腦部的「情緒電腦」，而且對恐懼與焦慮尤其重要。[2]那個區域就是「杏仁核」（amygdala），在早期科學家眼中形狀像杏仁種子的兩小片組織（*amygdala*，拉丁文杏仁種子之意）。對於所有具備杏仁核的物種來說，它似乎都要爲牠們的恐懼反應負責，這些物種包括爬蟲類與鳥類，也有哺乳動物。杏仁核中儲存了無意識的恐懼記憶，這意味著我們可能不知道爲什麼就變得焦慮。而且它跟大腦的其他部分有極好的連結。勒杜這麼寫著：

杏仁核就像輪子的中心。它從視丘（thalamus）（前腦的另一個區域）的特定感官區接收低階的輸入值，從特定感官的（大腦）皮質區接收高階資訊，並且從海馬迴結構（hippocampal formation）接收更加高階（獨立於感官）的資訊。透過這樣的連結，杏仁核能夠處理個別刺激以及複雜情境的情緒意義。本質上來說，杏仁核涉及情緒意義的評估。

杏仁核的連結並未止步於此。透過下視丘（hypothalamus），它可以影響組成自律神經系統（autonomic nervous system）的基本歷程（例如呼吸、血壓與體溫）。如同我們在第一章裡看到的，焦慮時自律神經系統的變化會導致一連串的身體影響，包括心率升高、瞳孔放大和呼吸改變。

---

2 勒杜（一九四九－）是一位美國神經科學家，也是紐約大學的神經研究中心主任。勒杜劃時代的研究，凸顯出大腦的杏仁核在焦慮與其他情緒經驗中扮演的核心角色。勒杜也是「杏仁核人」（The Amygdaloids）搖滾樂團的主唱兼吉他手，這個樂團專門演唱「關於愛與人生的歌曲，其中還夾雜著來自心靈、大腦以及精神疾病研究的洞見」。

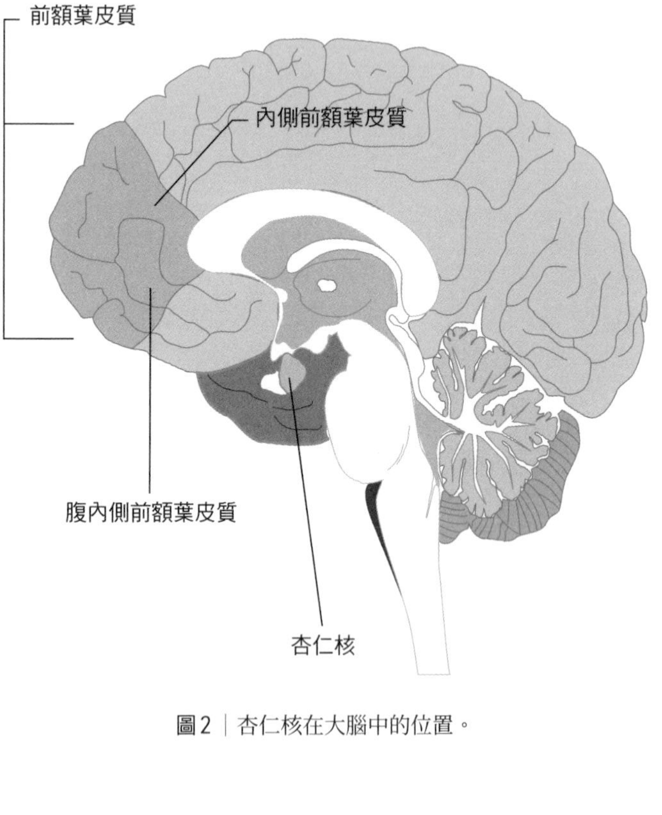

圖2｜杏仁核在大腦中的位置。

杏仁核能夠極迅速地評估一個有潛在威脅性的情境——事實上是快到讓我們可能沒發現自己爲何突然心生恐懼。勒杜認爲杏仁核提供了恐懼反應的「旁門左道」，在碰上事情的時候提供一種「臨時應急」反應，目的是先救我們一命，其他問題以後再說。相對而言，「正規道路」牽涉到由額葉（負責把事情想清楚的大腦部位）處理過，然後才抵達杏仁核的感官資訊。正規道路較爲精確，卻比較慢。如同你可能想像得到的，兩條路各有其優勢與劣勢。

杏仁核雖然看似重要，我們卻不該忘記，焦慮——就像任何其他情緒一樣——是牽涉到大腦好幾個區域進行極端複雜的歷程所產生的結果。如同我們已經提到的，這些區域包括額葉與海馬迴；「腦島」（insula）也參與其中，這是大腦皮質的一部分，幫助我們能夠察覺到內在的感受；此外還有幾種神經化學物質。這些神經化學物質裡最重要的包括：

・促腎上腺皮質素釋放素（Corticotropin-releasing hormone, CRH），在杏仁核偵測到危險的時候釋放，進而引發壓力荷爾蒙的釋放，以便確保我們準備好採取行動面對危險；

・γ-胺基丁酸（Gamma aminobutyric acid, GABA），在我們焦慮時讓我們冷靜下來。

既然焦慮是一個系統而不是一個元素造成的結果，在系統故障的時候會發生什麼事？勒杜與其他人推測，有焦慮症的人可能具備：

・他們的海馬迴無法根據過往經驗準確判斷某個情境裡到底哪些元素代表危險信號，這表示他們可能會產生不必要的焦慮。

・不夠活躍的額葉，和／或；

・過度活躍的杏仁核，和／或；

如同我們所見的，杏仁核是一種快速反應單位，觸發「以防萬一」的恐懼反應，接著再由大腦中比較深思熟慮的區域進一步加以評估。但舉例來說，要是額葉無法壓過杏仁核發出的雜音，對於根本不眞實的警訊，我們就可能經歷不必要的焦慮。

有證據指出，持續的焦慮（透過壓力荷爾蒙的影響）可能改變大腦功能運作的方式，舉例來說，透過損害短期記憶、甚至是縮小海馬迴的體積，進而導致大腦功能改變。這些影響通常是可逆轉的，但長期來說可能會變成永久性的。

在下一章，我們將從另外兩個角度檢視焦慮。在讓我們容易受制於焦慮這方面，生命經驗扮演了多吃重的角色，遺傳因素又有多重要？

第三章 先天或後天？

「謀殺，就像天賦，似乎偶爾會在家族裡代代相傳。」維多利亞時代的作家劉易士曾說過這句俏皮話。如果劉易士在討論的是焦慮，他可以容許自己講得更篤定一些。焦慮似乎真的會在家族中代代相傳。舉例來說，一個有嚴重焦慮傾向的人，很可能父母其中一位——甚至是祖父母其中一位——也有相同的問題。

爲何如此？我們是透過我們的基因繼承了焦慮，還是從最親近我們的人身上學到焦慮？焦慮程度是生物內建的，還是生命經驗（亦即我們的「環境」）的產物？這些年來，兩種解釋都有科學家提出。在這一章，我們會檢視證據，並設法回答這個長久以來的問題：這是先天還是後天的？

基因觀點

每個人都熟悉「基因」這個詞彙，而且大多數人都知道基因參與了從父母到子女的特徵傳遞。然而除此之外，我們可能都有些一知半解！所以基因到底是什麼呢？

我們體內的每個細胞都包含二十三對染色體，它們是由去氧核糖核酸（DNA）跟其他生物化學物質組成的。每對染色體都有一邊繼承自我們的母親，另一邊繼承自我們的父親。在每個細胞裡，每條染色體都包含數千個基因——本質上就是延伸的DNA分子——其中包含構成我們發育基礎的生物規則。除了同卵雙胞胎，每個人的基因組成都是不同的。

我們如何能夠分辨基因是否要爲焦慮（甚或是任何別的事情）負責呢？一個合理的起始點是家族史。然而，這個策略雖然可能凸顯出家族成員之間的相似性，卻無法幫助我們決定那種相似性（或者「家族聚集性」〔family aggregation〕）是基因還是環境造成的結果。畢竟，一家人通常共享基因和環境的很大一部分。

話雖如此，某些類型的家庭——也就是那些有雙胞胎的家庭——爲科學家提供了拆解基因／環境這個結的重要手段。異卵雙胞胎是由不同精子受精的不同卵子發展而成（因此術語上稱爲「雙合子的」〔dizygotic〕）。就像所有手足一樣，異卵雙胞胎共享了百分之五十的基因。另一方面，同卵（或稱單合子的〔monozygotic〕）雙胞胎則是由單一精子受精的單一卵子，隨後分裂爲二所形成的。因此他們的基因組成完全一樣。舉例來說，如果同卵雙胞胎都罹患焦慮症的可能性比異卵雙胞胎更高，我們就可以相當確定，這個差異是遺傳因素造成的結果。

我們說相當確定卻並非絕對確定，是因爲同卵雙胞胎可能比異卵雙胞胎有更多共同經驗（雖然事實上假定兩種類型雙胞胎所受的環境影響相等，似乎是站得住腳的）。收養研究在此就派上用場。舉例來說，想像一下，同卵雙胞胎從出生就被分開來，安置在不同的收養家庭。（很明顯這不是每天都會發生的事；即使如此，這種事確實發生了，而且已經有行爲遺傳學家研究過。）每對雙胞胎都是跟各自的養兄弟姊妹一起長大。然而，儘管他們在童年時共享了一樣的家庭環境，成年後接受測試時，雙胞胎跟自己的養兄弟姊妹的焦慮程度卻很不一樣。不過，雙胞胎之間的得分有顯著相關性，儘管事實上他們從未見過面；雙胞胎跟生父生母的得分之間也有顯著相關性。（雙胞胎跟他們的養父母之間，焦慮程度的得分並無相關性。）這種類型的雙胞胎收養研究，對於遺傳影響力提供了很有說服力的證據，不過這種研究很難進行，尤其是因爲同卵雙胞胎相對少見。

在焦慮的例子裡，研究指出基因肯定軋了一角。每個人偶爾都會覺得焦慮；我們要是不會焦慮，就很難稱得上是人類了。不過我們焦慮的頻率到底有多高、多嚴重，又有多持續，這就屬於我們人格的一部分了。心理學家稱這種焦慮傾向爲「神經質」（neuroticism），而我們或多或少都有些神經質。神經質的遺傳性被認爲大約在百分之四十左右。焦慮症有中度遺傳性——這意思是，介於百分之二十到百分之四十之間。研究也顯示，有焦慮問題的人的某些典型思考風格——例如把模稜兩可的事件詮釋成有潛在危險的傾向，或者對焦慮觸發的生理變化極端敏感——也都有中度遺傳性。

有個要釐清的重點是「遺傳性」一詞的意義。遺傳性的意思並不是一個人的神經質程度必定有百分之四十是基因造成的結果。它表明的是，在整個人口中的神經質程度差異，有大約百分之四十可能源於基因。所以對於個別案例來說，遺傳性並沒有告訴我們任何事情；它只跟大範圍的統計樣本有相關性。人與人之間剩下的差異，是環境因素的產物。

在決定我們的焦慮程度時，我們的基因顯然扮演了重要的角色。不過這牽涉到哪些基因？簡單來說，科學家現在還不知道。被提出的候選基因有好幾個：舉例來說，穀氨酸脫羧酶（glutamic decarboxylase 1 gene, GAD1）的變體，被認爲跟一般的情緒疾患有關，焦慮問題也包括在內。這一點很引人深思，因爲穀氨酸脫羧酶參與了γ-胺基丁酸的製造與傳遞，而如同我們在第二章看到的，γ-胺基丁酸幫助我們在焦慮時冷靜下來。如果穀氨酸脫羧酶沒有正確發揮作用，那γ-胺基丁酸也不會正常運作，導致焦慮程度過高。

最佳的焦慮基因研究是尋找一種像穀氨酸脫羧酶一樣，能夠讓人對潛在危險有高度生理敏感性的基因。但儘管有許多令人興奮的線索，卻不曾有人具有可信度地指認出任何一種單一的「焦慮」基因。基因研究要有意義，需要有大量的人接受測試、進行海量的研究工作，還有挹注鉅額的經費。所以不意外的是，這樣的研究很少，而且久久才會出現一次。衆所周知，要重現基因研究的結果十分困難：一支研究團隊通常會找到某個看似合理的候選基因，後續研究卻沒發現跟焦慮之間有任何關聯。

此外，像焦慮這樣複雜又多樣化的經驗，似乎不太可能是一個、甚至數個孤立基因的產物。更有可能的是**多基因理論**（polygenic theory）：許多不同的基因，各自做出相對較小的貢獻，參與了焦慮的產生與維持。到目前爲止的證據認爲，這些基因負責的是一種高度焦慮的普遍傾向，或甚至是普遍的情緒激發，而不是某種特定的焦慮症。

辨識出參與某個複雜交互作用的多種基因，顯然是個很困難的任務。不過就算科學家最後成功找到了，可能也不是單靠這些基因就會導致焦慮。在過去十年左右的時間裡，研究人員已經開始看出基因與環境之間複雜的互動。舉例來說，雖然一個人的基因可能容易產生焦慮問題，卻並不必然會發展出焦慮症。只有在特定生命經驗觸發基因脆弱性的時候，才會發生那種狀況。同樣地，另一個人可能經歷相同的事件，但缺乏基因脆弱性，也就不會繼續發展出焦慮症。如同卡斯彼與莫菲特所寫的：

> 基因－環境互動取向是假定環境病原體導致疾患，基因則是影響面對病原體的易感染性。

現在讓我們來看看焦慮問題中牽涉到的「環境病原體」。

環境觀點

基因對於焦慮經驗來說雖然重要，環境卻提供了更重要的貢獻。如同我們已經看到的，研究指出基因元素決定的焦慮遺傳性最高只到百分之四十——這意味著環境要負的責任有百分之六十，甚或更多。所以焦慮症的環境風險因素是什麼？

我們對於成人後的經驗如何導致焦慮問題，相對來說所知甚少（雖然針對憂鬱症與壓力的這種研究已經有人做了）。焦點反而放在童年經驗，特別是以下四項：

· 創傷與其他搞亂人生的事件；
· 父母教養風格；
· 依附風格；
· 從他人身上習得。

不過，在更仔細檢視這四種元素之前，我們應該指出，沒有任何一個一定會導致焦慮症。舉例來說，許多人經歷了帶來創傷的童年，卻沒發展出焦慮問題，而許多罹患焦慮症的人，卻享有相對快樂的成長過程。如同我們在跟基因相關的討論中看到的，導致疾病的因果歷程比簡單的x＝y更複雜得多。的確，這通常牽涉到基因組成與生命經驗的複雜交互作用。

創傷與其他搞亂人生的事件

已經有多到滿出來的研究證明，那些曾遭受霸凌或嘲弄、父母衝突、受到性或身體虐待、喪親等創傷或不愉快經驗的兒童，有更大的風險會發展出焦慮症。

舉例來說，史丹與同僚們調查了兩百五十位加拿大成人，其中一半已經被確診爲患有一種焦慮症，另一半（對照組）則是從溫尼伯人口中隨機選出。他們發現有焦慮症的人之中，百分之十五點五的男性跟百分之三十三點三的女性在小時候曾受到身體虐待，對照組則有百分之八點一。同樣地，有焦慮症的女性童年遭遇性虐待的比例（百分之四十五點一），比對照組女性（百分之十五點四）高出許多。

如果問這些類型的經驗爲何會導致焦慮問題，可能看似多餘。曾被毆打或者被性虐待的兒童可能會變得異常容易恐懼，這並不令人訝異。話雖如此，就像所有導致焦慮的遺傳或環境因素，這個過程並沒有任何的必然性。許多兒童承受了駭人的創傷，卻沒有發展出焦慮症。

對於那些確實導致焦慮症的案例，心理學家曾經嘗試找出其潛藏的思維與行爲模式。舉例來說，曾有人認爲，兒童若沒得到所需照顧，可能會對自己與他人形成悲觀的看法。世界可能看起來很危險，他們也可能對自己的應對能力缺乏信心。從不同的觀點來看，神經生物學家曾經指出，長期處於壓力下的動物，大腦會產生永久性的變化，讓牠們尤其容易受到焦慮影響。或許這些早期生命經驗會在兒童身上帶來類似的變化？

教養風格

焦慮問題並不只是父母施虐或疏忽孩子所造成。父母試圖過於嚴格地控制子女行爲——相當有可能是出於保護他們的欲望——可能無意中送出一個訊息：這個世界是個危險的地方。他們也剝奪了子女發現自己大致上能應付眼前問題的機會。（這讓人想起前一章討論過的迴避策略。）

當心理學家要求焦慮與不焦慮的成年人回憶他們的童年時，焦慮的人比較有可能描述他們的父母過度保護或者有控制欲。當然，記憶並不總是可靠。然而，有些針對兒童的觀察性研究支持這些發現。舉例來說，有個研究要求臨床上焦慮與不焦慮的兒童解決幾個困難的謎題。父母已被告知解答，但也被建議只在「孩子眞正需要的時候」介入。很快就能明顯看出，焦慮兒童的父母比其他父母更有可能介入。要是在像這樣相對來說沒什麼威脅性的情境裡，都出現了控制兒童行爲的傾向，那在潛在風險更大的情境下，可能會更明顯到什麼程度呢？

不過雖然這項研究以及其他研究，都指出過度保護或控制性強的教養與兒童焦慮之間的關聯性，對於因果問題卻沒有釐清太多事情。這種教養風格與其說會製造兒童的焦慮，反而可能是對焦慮的一種反應。可以回應這個問題的研究——對父母與子女做出橫跨數年、而非只是某個特定時刻的評估——相當罕見。不過，既有的研究指出了兒童氣質與成人教養風格之間的互動關係。

例如有一項研究發現，透過回顧在嬰兒時期還不需要幫忙的情況下被母親抱著的頻率，可以預測一位學步期幼兒的恐懼程度。但這只適用於嬰兒時期面對新的人或新的情境時會非常苦惱的兒童。因此，家長的過度保護，可能是對兒童天生的神經質做出的反應，不過這種反應會讓兒童的神經質變本加厲——這又反過來觸發了成年人這方更加小心謹愼而有控制性的行爲。

依附風格

對於親子關係及其對焦慮的影響的另一個觀點，是由針對「依附風格」的研究所提供的。

年幼的嬰兒不是非常關心是哪個人提供他們所需的照顧與注意。如同你可能會注意到的，他們通常非常樂於在大人之間轉手，就算他們以前從沒見過這些人。

在大約七到九個月大的年紀，事情就完全改變了。嬰兒逐漸對特定的人產生依附——凱根將之定義爲「一種專屬於兩人之間的強烈情感關係，歷經歲月而持續存在，與伴侶長期分離會伴隨著壓力與哀傷」。一般來說，這個人是母親，因爲她通常是主要照顧者，雖然也有可能是任何剛好擔任這個角色的人。寶寶在母親離開時會哭泣（這被稱爲「分離焦慮」〔separation anxiety〕），當不熟悉的人在附近時會緊黏著她（所謂的「陌生人焦慮」〔stranger anxiety〕）。

極具影響力的兒童精神醫學家鮑比（一九〇七—一九九〇）主張，這種依附的欲望是天生的：我們在基因上內建了形成這些聯繫的本能，因爲這代表我們的最佳生存機會。在接下來的幾個月裡，嬰兒可能對他／她人生中的許多其他人物產生依附，不過跟主要照顧者的連結——無論是母親、父親或其他人——通常還是最重要的。鮑比相信，對於一個人的未來福祉來說，沒有一件事的重要性及得上這些早期關係。

藉由安斯沃斯（一九一三—一九九九）在一九六〇年代設計的「陌生情境」（Strange Situation）技巧，我們可以對於一個孩子的依附風格獲得相當可靠的了解。「陌生情境」從研究人員歡迎小寶寶（通常大約十二個月大）還有她的母親來到進行實驗的房間開始。研究人員離開後，小寶寶則可以自由探索散布在整個房間裡各種令人興奮的玩具。幾分鐘之後，一個陌生人進來了。這個陌生人起初不聲不響，但在大約一分鐘之後，開始跟母親閒聊；陌生人接著會跟小孩打招呼。然後母親會離開房間；三分鐘後，她回來了，陌生人則離開。接著，在陌生人再度出現之前，母親會讓嬰兒獨自待在房間幾分鐘。然後母親回來，陌生人離開，實驗就結束了。

關鍵在於嬰兒對於母親的離開與回歸會有什麼反應。**安全依附**（securely attached）的兒童在母親在場時樂於探索房間，但在她離開的時候會輕微地感到不安，等到她回來的時候則是會很開心。無論散布在房間裡的玩具有多誘人，有**焦慮／抗拒型**（anxious/resistant）依附風格的孩子都緊黏著他們的母親，而且在她離開的時候感到心煩意亂。雖然焦慮／抗拒型的孩子會在母親回來的時候奔向她，但接著會把母親推開，甚至會打她。另一方面，**焦慮／迴避型**（anxious/avoidance）的孩子通常會在母親在場時忽視她，在她離開時也不會太關心。母親再度出現時，也會得到跟先前一樣的冷淡對待。

在一項出色的研究裡，心理學家訪談了一百七十二名十七歲的青少年，他們全都在十二個月大的時候經歷過陌生情境評估。心理學家發現，展現出焦慮／抗拒型依附風格的嬰兒，比較有可能在之後發展出焦慮問題。

爲何如此？焦慮／抗拒型的行爲，通常反映出一個孩子嘗試應付不一致又無法預測的教養方式，在這種狀況下，他們受到怎樣的對待，完全看家長當時的心情。這種教養方式有可能會灌輸給孩子不安全感，他們會害怕自己要是碰上麻煩，可能不會有人來幫忙。因此，這個孩子一直處於警戒危險的狀態。或許這也傳達了一種感覺：家長的行爲反映出孩子沒有價值，也暗示孩子其實沒有能力處理挑戰與危險。

順帶一提，你可能已經注意到，這個研究中的焦慮／迴避型兒童，後來罹患焦慮症的風險並不特別高。這種依附通常是由經常忽略子女的父母製造出來的。或許這些孩童藉著發展保護性的獨立，學會處理這種教養方式可能觸發的焦慮。不像焦慮／抗拒型的孩子能夠偶爾從父母身上找到溫暖與支持，焦慮／迴避型兒童領悟到他們別無選擇，只能自己照顧自己。

從他人身上習得

如同我們在第二章看到的，我們的許多恐懼是習得的。而我們不只是從直接發生在我們身上的事情學習，還從我們周圍的人的身上學習——藉著他們明確告訴我們的事情，或是從他們的行爲舉止中學到。對大多數人來說，沒有人比自己的父母更有影響力了（雖然他們肯定能從其他重要的大人及同儕身上學習）。

心理學家蓋魯爾與拉佩的一個實驗，證實了孩子從父母身上學習的本能。他們給三十個學步期幼兒看一條綠色的橡皮蛇，然後是一隻紫色的橡皮蜘蛛，並研究他們的反應。在展示這些玩具的時候，研究人員要求孩子的母親可以有兩種反應方式：快樂、充滿鼓勵的方式，或是害怕或厭惡的方式。

後來，研究人員又把蛇跟蜘蛛拿出來給幼兒看了幾次，不過這次要求母親的反應嚴守中立。蓋魯爾與拉佩注意到，你可以預測這些孩子再度看到玩具時會做何反應，因爲他們會模仿母親最初的反應。如果母親假裝害怕，孩子也會害怕。

另一方面，如果母親看起來平靜而快樂，幼兒也會有相同的反應。對憂心忡忡的父母來說，這可能是個有幫助的資訊。雖然孩子可能會模仿我們的負面行爲，但他們也能學到更多正面的訊息。藉著保持客觀、放鬆的態度，面對人生中一般的困難，還有他們覺得特別可怕的處境，我們可以幫助他們克服焦慮。

第四章 日常焦慮及其因應方式

在這本書的前三章，我們定義了日常焦慮，並且闡述爲了理解它而被發展出來的種種關鍵理論。在第五章到第十一章，我們會詳細檢視主要的焦慮症，還有用來治療這些疾患的方法。不過在我們放下對於日常焦慮的討論之前，我們要介紹兩個眞實案例，這是爲了本書特別進行的訪談。這部分是你在教科書裡看不到的！

爲了讓討論眞正生動起來，我們想聽聽在職場上幾乎每天都必須應付焦慮的人士怎麼說。我們選擇了兩位從童年起就對我們很重要的人。我們長期以來都是帕林作品的粉絲，從「蒙地蟒蛇」、《非凡奇事》影集，一直到現在都是。我們亟欲知道他如何應付緊張，在我們的想像中，這對演員與節目主持人來說必定無可避免。泰勒管理我們支持的沃特福德足球俱樂部，帶來史無前例的成功——而他也有不小的個人魅力。我們認爲要解釋一個人如何應付一群人的焦慮，他會是理想人選。

帕林與泰勒人都相當好，他們各自犧牲自己的時間，來接受我們的訪談。跟你一直仰慕的人見面看似冒險：美好的幻想可能會遭受連續打擊。不過我們跟帕林還有泰勒的會面，每一刻都像我們本來期待的那樣，既愉快又有啓發性。

身爲表演者的焦慮：麥克・帕林

帕林是一位演員、作家、導演兼電視節目主持人。他生於一九四三年，在一九六〇年代晚期以「蒙地蟒蛇」劇團成員的身分聞名於世。除了在蒙地蟒蛇的作品，帕林也出現在無數長片與電視喜劇中，其中有許多是他自編自導。他也主持好幾個廣受喜愛的旅遊紀錄片節目，近年來還出版了兩本暢銷日記。

如同你會在接下來的訪談裡看到的，帕林在他的專業生涯中並沒有過度焦慮的傾向。但他也不是完全不焦慮的人。部分原因在於，焦慮似乎是表演領域的必備品：如同他對我們說的，他鮮少遇到不會緊張的演員。然而，他也可能一想到別人可能怎麼看待自己就焦慮起來，特別是在他不贊同他認爲自己被看待的方式的時候（「國寶」），或者感覺到別人對他的看法可能帶有批判性的時候（舉例來說，他會因爲在鏡頭前出錯，而被觸發了這種感受）。

在此，他經歷了心理學家所謂的「自我聚焦」（self-focus），這常常在焦慮中扮演重要角色。在我們把注意力轉往內在的時候，任何對自身表現的擔憂都有可能倍增。我們懷疑自己在別人眼裡的形象，都可能會冒出來困擾我們。我們滿心想著要檢視別人怎麼理解我們，想著焦慮的恐慌感受、還有我們的負面思維，我們沒注意到事態的實際進展。要是我們跳出自己向外看，幾乎肯定會發現，我們的焦慮是不必要的。而這可能會開始形成惡性循環，我們的自我聚焦會眞的導致我們恐懼的問題發生（例如在攝影機前面突然詞窮），而這又反過來增強我們的焦慮。巧的是，心理學家用來觸發自我聚焦的技巧之一，就是拿攝影機對著他們。在這種情境下，幾乎每個人都會開始懷疑別人如何看待他們。如同帕林發現的，克服自我聚焦的最佳方式就是專注於手邊的任務。

帕林應付焦慮的策略在心理上來說很高明。與其擔憂自己的焦慮，他理解他所經歷的事情是正常、甚至是必要的（治療師會稱之爲「正常化」〔normalization〕）。舉例來說，他藉由提醒自己，他其實可以做到任何他在擔憂的事情，來強化他的自尊心。由此觸發的正面思維與意象（像是一場成功表演的回憶）排擠並抑制了任何負面的思維。他喜歡散步和跑步（事實證明體能活動是減低焦慮的有效方法）。他也相當正確地發現，酒精只能短期間抑制焦慮，長期來說並不好。

此外，帕林決心保持積極、好奇與目標明確：「我認爲每件事都很重要。我想這樣會創造焦慮，但也同樣幫助你處理焦慮，因爲那樣讓你領悟到，焦慮是因爲正在做某件本身就很重要的事情。」這種態度幫助帕林面對他可能會很想避免的任務——「像是手腳並用爬過橋」——從而避免他的焦慮眞正生根（對於避開我們恐懼的事物所導致的問題，更多內容請看本書第五十一—五十二頁）。這也讓他能夠擺脫自我聚焦，專注於他知道眞正重要的事，也就是他手邊的任務。

在我年輕的時候，對表演感到緊張似乎不是我會擔憂的事情。我第一次在一群觀眾面前進行長時間的表演，其實是在我的空檔年。[1]在空檔年，人不會跑太遠，我只移動了大約四英里，在雪菲爾德加入了一個當地的業餘戲劇社團，我可以應付得很好。它們的戲都滿長的，有很多台詞要記。我並不記得當時有特別緊張。我甚至想不起來我們一九六四年在愛丁堡喜劇社表演時有特別緊張，那次我決定了我要開始演戲。我心想：「我真的很享受做這個；這是我能做的事。」甚至在我們做蒙地蟒蛇喜劇節目的時候，緊張似乎完全不重要。緊張發生在蒙地蟒蛇成功之後沒多久。我對於這個過程變得有點過度自覺。

我想，有很長一段時間，你是你自己，或者是你自認為是的人。然後你

1 譯註：gap year 指的是上大學前或者大學畢業後，特別花一年時間做些別的事情（旅行、做義工等等）以體驗人生。

變成別人眼裡的你，那就是他們對你的看法。所以我會因為身為名人而上了某個節目，然後我會想：「我不是名人——我是我。」

偶爾我可以相當快樂地處理這點。你就是裝出那個樣子。但其他時候這會影響到我，我就會想「我沒能做我自己」。我想這就是我很多焦慮的關鍵所在。而我所做的工作實際上是設法記住我是誰，還有我能做什麼，不是變成別人希望我是的某個虛擬人物。有人會說：「你是巨星；你是國寶；你做過所有這些了不起的事。」這只會讓我尷尬。這不是我對自己的感覺。

另一方面，我想某種程度的焦慮真的、真的很重要。我鮮少認識任何上台時不覺得焦慮的人。我沒有那種「我完全是個冒牌貨，總有一天會被逮到」的焦慮。我的感覺其實完全相反——我可以做到某些真的很棒的東西，但有時候我無法照自己的想法去做，這讓我變得有點焦慮。然而，我察覺到我需要有一點焦慮，因為這是件相當不尋常的事——走到眾人面前，在某種意義上掌控場面。

主要重點是，我回想其他經驗，然後我知道實際上到頭來這就是在做一場表演。我說這就像是愛丁堡喜劇社的一場表演。我基本上就是繼續做，拿到一些該記的台詞，我有些演員同伴，我只要做我該做的就好。所以你其實會忘記。你可能會猜有多少人看到這場表演，但在你實際去做的時候，你知道這就像在大學裡搬演一齣滑稽劇或者類似的東西。而這件事我以前就做得相當好，我知道我可以辦得到。

所以我現在可以應付任何情況，方法是想起另一個更糟的情況，而我當時仍然設法挺過去了。我很幸運，因為我對這個世界的看法大體上是正面的。我並沒有許多緊張到不行、說出「我辦不到這件事，我想轉行」的時候。我總是相當享受我的工作——不管那是什麼！

一個人必須面對這些處境。如果你迴避它們，那就不太好，因為你記憶裡總是會有那一小部分在說「我做不到那個；我永遠做不到那件事」。所以就算你嘗試後失敗了，至少你做了，而且結果沒那麼糟，實際上沒有人笑你，它已經被放在電影裡了，還是最精彩的畫面之一。

以前做蒙地蟒蛇的節目時，我們總是會在錄影前去喝一杯——就是去放鬆一下。我記得我們以前常會去BBC的酒吧，喝里尼斯淡啤酒（Ringnes lager）——我們會喝上兩杯，而那樣完全沒問題。不知為何，淡啤酒有點能應付腎上腺素。在我們拍像是《萬世魔星》這樣的電影時，有部分是因為我們人在突尼西亞，那附近沒多少酒可以喝，後來要是你接著要拍攝某個場景，不喝酒就變得可以接受了，而且確實沒人喝。從此之後，我總是避免在表演前喝酒。我現在再也不用酒精來克服焦慮，因為我不認為到頭來這樣真的會有用。

別人越是明顯在仔細審視我的時候，我的焦慮程度似乎就越高。在我們為了拍紀錄片而四處奔波的時候，隨著我們的移動，我遇到很多人——這些人認為這樣太困難了。我不介意：這沒關係。難的是你突然碰到這種狀況：「對，你必須對著鏡頭說話。」如果你出錯了，他們會說：「再試一次，我想你要稍微把那段講快一點。」然後焦慮就開始堆高了。

有個讓人難忘的片段，發生在我必須對著鏡頭講話的時候——我想是為了撒哈拉沙漠系列——而我們到了直布羅陀的山頂，你可以望向對面看到非洲。這是整個系列的最開頭，我寫了一段文字，是關於非洲與西班牙之間的連結。然後導演說：「嗯，這並不完全是我們想要的，你能不能就……」然後我就想：「喔，老天啊……」唔，我就是講不好。在我終於辦到的時候，他們說：「我們可以再來一次嗎？因為有隻鴿子飛進鏡頭裡了，我們沒辦法剪接。」然後我有點崩潰了，我就是對自己很生氣。

但我覺得會讓我說「不，我辦不到」的情況並不多。我就是去做，然後覺得有點害怕——就像是手腳並用爬過橋。但至少你做了，而你通常會發現你身邊的人也一樣害怕，在整個焦慮狀態中，這一點重要至極，因為如果你看到別人在焦慮，這樣不只是讓你覺得你並不孤單，在某些狀況下還會讓你覺得稍微好過一點：你沒有像他們那麼焦慮，所以你可以幫他們一把。

儘管如此，焦慮永遠不會離去。不會突然出現一片陽光普照的高原，讓你不再為任何事焦慮——它只是變成不同的形狀與形式。如果我要做某種表演，如果我要為一部紀錄片或其他類似的事工作一整天，前一晚我真的會睡不好。我現在接受這一點了。以前有過一段時期，我那時覺得「天啊，如果我不睡，我就沒辦法做到這個；我就要出現在鏡頭前了，我的狀況會很糟」。那樣想很恐怖，因為完全是在扯自己後腿。

現在我還是睡得不好，不過我接受我在做的事就是過程的一部分。我把事情想過一遍了；我在替自己做好明天的準備。所以雖然嚴格說來你可能很疲倦，但實際上你還是做了更好的準備。不過我的重點是，你永遠不會真正擺脫所有焦慮；總是有別的事情會讓你擔憂。

大家看到像我這樣的人就會說「你有世界上最棒的工作，你無憂無慮，天哪，我們全都想要像你一樣，能夠站起來就發表演講」之類的話。每當我做這些事的時候，總是有某一刻，對於拿出我最好的表現，還有我對其他人的責任，都會感到焦慮。我在年輕的時候相當害羞。我不是班上第一個舉手作答的人，我會坐在後面看著別人。我喜歡當個觀察者，勝過被人觀察——這對一位電視節目主持人來說並不好！

我認為每件事都很重要。對我來說，尋常的一天也很重要。大家會說「喔，這只是件小事啦，你做了很多大事」。但你必須做得對，做得恰當，要不然何苦呢？我想那樣創造出焦慮，但那也同樣幫助你處理了焦慮，因為那樣讓你領悟到，焦慮是因為我正在做某件本身就很重要的事情。

管理團隊的焦慮：葛雷恩．泰勒

泰勒是現代英格蘭足球界最成功的總教練之一。[2]他生於一九四四年，球員生涯因爲受傷而中斷。他成爲英格蘭足球總會有史以來最年輕的完全合格教練，後來負責管理林肯城、沃特福德還有阿斯頓維拉等球隊，成績斐然，並於一九九〇年受聘成爲英格蘭足球代表隊總教練。泰勒是一位創新者。足球戰術

2 譯註：在英國足球界，球隊（俱樂部）的經理（manager）相當於總教練（head coach），另有一種譯法譯爲「領隊」。

歷史學家威爾森認爲是泰勒把壓迫戰術（pressing）引進英格蘭足球。他也首先提倡「家庭俱樂部」的概念，主動接觸先前在足球賽中感覺不受歡迎的團體，並且發展俱樂部與社區組織之間的強烈連結。在一九九三年辭去英格蘭足球代表隊總教練的職位後，泰勒重返足球俱樂部管理階層，然後再一次帶領沃特福德從無名之輩躋身較高等級的聯賽。他現在是沃特福德足球俱樂部主席。[3]

泰勒擅長激勵球員，常常把看似不起眼的足球選手變成明星。一位前沃特福德球員的評論還滿典型的：「我在俱樂部的時候，會願意爲他衝破一堵磚牆，而我想球迷也有同樣的感覺。」（我們肯定能夠擔保後半句話屬實。）泰勒的傳奇性激勵技巧，基礎在於他對麾下球員的思維、感受與行爲極度敏感。在這場訪談裡，泰勒聚焦於這種心理洞察力的一個元素：他爲了對抗隊伍中的焦慮所採取的策略。

所以舉例來說，我們可以看到泰勒如何熟練地給他的球員一種目標與自信，透過練習、慣例跟指導，確保球員理解教練的要求，而且還讓他們了解爲何會有這種要求——這或許很不尋常。透過這麼做，他教球員把焦點放在手邊的任務上，這是防止焦慮產生的完美方法。泰勒付出很大心力去認識球員還有他們的家人，這讓他能在問題發生前就預期到。而且如同他在訪談裡解釋的，他發展出在球員上場以前強化他們自信的理想慣例。

許多實驗證明了音樂可以對情緒產生強大的影響，而沃特福德隊在一九九九年的成功提供了一個迷人的眞實案例。賽前，泰勒在更衣室裡播放的歌曲，讓球員們充滿了積極情緒。這些歌曲也強化了團隊精神，毫無疑問，這有助於在這種關鍵的時刻取得多次勝利。

如同我們在第二章看到的，焦慮可能從別人身上習得；充滿自信與樂觀的泰勒，確保了他的球員們不可能從他身上學到這個。話雖如此，他知道比賽日的緊張是正常的。所以他不會過度反應：他就只是維持例行公事。而泰勒身為球員的經驗教導他，比起批評，人對稱讚的反應更正面得多。在針對球員的技術弱點做訓練時，他總是強調他們的強項。

3 譯註：泰勒擔任沃特福德足球俱樂部主席到二〇一二年，在二〇一七年去世。

我們也學到泰勒如何處理他自己在比賽日的緊張：透過一絲不苟的準備、體能訓練，或許最重要的是，不把焦點放在自己的情緒上，而是聚焦於旗下球員的情緒。而在成功經營足球俱樂部多年之後，泰勒轉移到截然不同的國際賽事管理領域，我們發現了他在這時是什麼感覺。相對於他在俱樂部裡以鐵腕管理的狀態，泰勒對於英格蘭代表隊的控制力少得多；這對原本就壓力極大的位置，又多加一層焦慮。

訪談中，泰勒首先回憶沃特福德在一九九九年超級聯賽中爲了晉級所做的最後衝刺，他們在最後十一場比賽中贏得九場。

我們有兩首歌——布萊恩．亞當斯的〈我做的一切都是為了妳〉還有M族的〈尋找英雄〉——我們過去在賽前入場時會播放這兩首歌。我們的心理學家基蘭，他非常、非常厲害。這點毫無疑問：他在我們獲得晉級的過程中扮上了一角。他把亞當斯的歌帶進訓練場，說：「我們要做的是，在訓練後叫他們圍成一圈，讓每個人環抱彼此，然後讓他們聽這首歌。」

所以我們全都環抱著彼此。我說：「我要問你們：你們為何在這裡？我們做這一切是為了什麼？」這讓人變得非常激動——我做的一切都是為了你們。有兩首歌在我們的球員做準備時發揮了重要的情感作用。他們相信這個。

在一九八四年足球盃最後決賽時，我們確實很緊張，因為我們太年輕了。在比賽前，你可以特別從兩名球員的反應裡看出這點。有一個肯定很緊張，他如何準備呢，他就這麼盤坐在地板上。以前我從沒看過有人這麼做。我們有個更衣室暖身慣例，而他就是置身事外。但事後回顧，我犯了個大錯，因為我是在我們打敗兵工廠隊之後才宣布了球隊名單。我那時這麼做的理由是，這些比賽是對抗普利茅斯的準決賽的後面四場，而我認為他們需要知道。但他們還太年輕了，我應該別讓他們提心吊膽才對。

我如何處理我自己的緊張呢，我會把球員帶進來。我會對球員這麼說，家庭第一，足球第二。在比賽日除外。足球在星期六主宰我們所有人。所以我們要做的事情是，在星期六早上九點四十五分報到。我們會去維卡拉格路球場，而不是訓練場，我們會在十點出發，在那半小時裡——只有半小時——我會利用這段時間做一場打氣演講。我們會做些衝刺，而我會一直對他們講話，談我們的對手，談我們要做什麼。他們進去沖個澡，然後搭車去旅館吃賽前餐；我自己則跑回家。現在換我泡在浴缸裡，我很放鬆，我知道我什麼都做了。我做完自己的工作了；現在要靠你們了，球員們。

我的下一段工作是從兩點四十五分到三點之間。在那十五分鐘裡，我必須非常小心，別講得太多，因為我已經講過了。就在結束時，我會起身站在凳子上，我現在的位置比他們都高些。在他們出去的時候，我知道這些人想要我在他們經過的時候碰他們一下，或者說點什麼。身為總教練的我，比他們都高些——別擔心，我不會緊張，很好，上吧……

我希望把我體內能感覺到的所有信心都給他們。我已經能夠透過跑步、透過藉由體能訓練所產生的腎上腺素來得到信心。在他們不知道的時候，我已經為自己的身心都做好了準備。

在比賽前，你會看到球員常常去上廁所。不過那從沒有讓我擔心。我只把這看成是人之常情。曾經有過一、兩個球員會去吐。我從沒為那種事情擔心過。

我記得自己還是格林斯比鎮球員的時候，總教練把我們嚇得半死，所以在某場比賽當天早上，我不想下床。我嚇壞了，我常常對自己說，要是我變成一位總教練，不管發生什麼事，我都不會讓球員有這種感覺。

認識球員個人，還有去認識他們的家人，是一件大事。沃特福德變成廣為人知的「家庭俱樂部」，但一般人並不一定搞得清楚那到底是什麼意思。我跟球員簽約的時候，只要有可能，我就會希望他們的太太或女友——這是在經紀人出現之前——人也在現場，如果他們有家人，就帶他們的家人一起來。不過這個狀況就是，你其實是簽下一整個家庭。在這個階段，我們當然會知道所有球員的生日，但我們設法也弄到結婚紀念日的日期，然後就像所有優秀的總教練一樣，你會送他們一些花，費用當然是掛在俱樂部的帳上啦！你在設法確保不會有問題發生。藉著認識球員們的妻子，並且設法讓她們跟你站在同一陣線，你可以讓球員更安定，因為你在俱樂部活動中遇見那些太太的時候，她們偶爾會告訴你關於她們丈夫的事情，這會幫助你更清楚整體狀況。

等到一九九〇年我接下英格蘭代表隊工作的時候，我已經當了十八年總教練了。走到溫布利球場上的時候，我猜我因為自己達到的成就而帶著一股傲氣，在這股傲氣中完全沒有恐懼。這裡就是我應該在的地方。我這麼努力工作就是為了這個。我來到這裡了，而且我們會贏。

我在英格蘭代表隊的比賽通常會比在俱樂部的比賽緊張，因為我控制不了什麼。我的胃感覺得到緊張，那種在你胃部深處，你其實控制不了這件事的感覺，然而，在俱樂部比賽的層級，你覺得你能掌控，你也需要掌控。你必須體驗過一場聯賽，才會知道國際球隊管理是在幹嘛。（國際賽）一季只有十場比賽，而（俱樂部層級）一季通常有五十場比賽。他們（代表隊球員）不是你的球員，他們是別人的球員。他們不是你的員工，他們是別人的員工。那時候，你跟他們之中任何一個人都沒有日常的接觸。手機才剛出現；他們之中某些人甚至還沒有手機：你要怎麼跟他們保持聯絡？

有一小群總教練不喜歡你，因為你一直是他們的對手。所以某些總教練不希望你成功。我是在斯肯索普被帶大的，斯肯索普是我的球隊，英格蘭隊是我的第二個球隊。如果英格蘭隊在比賽，一切都會停下來，而我把這個心態帶進我對英格蘭代表隊的管理當中——多天真啊……我們每個英格蘭隊的總教練在俱樂部層級都取得了巨大的成功，所以你會期待這種狀況繼續下去。我發現那非常困難。困難的是你不能徹底掌控狀況。而身為英格蘭代表隊總教練，你就是無法掌控一切。

我從來不相信告訴一位球員他的弱點在哪會有用。我相信的是訓練並且練習他們的長處，令人驚訝的是，他們的弱點會有長足的進步。如果你走進場子裡，然後說，看看你的左腳多糟啊，你覺得你會得到什麼？現在你可以在這方面下點功夫，你可以說，我們會做些基本的事情，我們想讓你變成一個兩腳都很行的球員，你會成為更棒的球員，你的右腳很優秀，你的右腳很了不起，如果你可以讓你的左腳做到右腳的百分之五十，你就會是個棒得不得了的球員。現在突然間你的左腳可能比你的右腳弱百分之五十，因為你的總教練剛剛告訴你，你的右腳有多了不起，而他要你做的就只是讓你的左腳有右腳一半好，你就會棒得不得了。

第五章 恐懼症

馬修是個超級害怕報紙的九歲大男孩，怕到他甚至無法忍受從遠處看到它們。席拉二十八歲，是三個孩子的母親；她怕極了打雷閃電，會盡她所能去避免獨自經歷這種狀況。羅賓對飛行的恐懼，意味著他會搭上好幾天的火車，就是爲了避掉在飛機上度過悲慘的數小時。

這些案例的名字是虛構的，不過其他方面都是以事實爲基礎。恐懼與恐懼症有無窮無盡的變化，又極爲常見。隨便想一個情境或物體，某處可能就有人會怕它（你可以在「恐懼症清單」〔phobialist.com〕裡找到一份無所不包——在某種程度上讓人大開眼界——的清單）。

我們常會聽到人們討論他們的「恐懼症」——他們講到恐懼症，通常的意思是一種輕微的恐懼或厭惡。不過心懷恐懼並不等於患有恐懼症。所以，讓我們從說明「恐懼症」一詞的精確嚴格意義開始，這是美國精神醫學學會的《精神疾病診斷與統計手冊》所做的定義。

什麼是恐懼症？

這裡列出了心理衛生專業人士在決定一種恐懼是否嚴重到足以稱爲恐懼症時，會找尋的關鍵症狀：

- 過度或不合理的顯著持續恐懼，會因爲某個特定物體或情境的出現或預期而引發。
- 暴露於恐懼症的刺激下，幾乎總是會激起立即的焦慮反應。
- 當事人承認恐懼是過度或不合理的。
- 對恐懼情境的迴避、焦慮的預期心理或痛苦，明顯干擾當事人的正常作息、職業（或學業）功能、社交活動或人際關係，或者當事人對於患有恐懼症表現出明顯的苦惱。

實際上有數百種不同的恐懼症。不過專家已經辨識出五大類：

- **動物恐懼症**（Animal phobias）。最常見的動物恐懼症包括對於昆蟲、蛇、老鼠跟狗的恐懼。
- **自然環境恐懼症**（Natural environment phobias）。這類恐懼症包括對於高處、風暴與水的恐懼。
- **情境恐懼症**（Situational phobias）。舉例來說，害怕飛行、密閉空間、公共運輸、隧道、橋樑、電梯與開車。
- **血液－注射－受傷恐懼症**（Blood-injection-injury phobias）。這類恐懼症包括害怕見血或傷口，或者害怕注射或類似的醫療程序。
- **其他類型**。其他所有恐懼症都包括在這一類！常見的「其他」恐懼症，包括害怕喉嚨被異物梗塞、害怕染上某種疾病（跟疑病症相反，疑病症

〔hypochondriasis〕是懷疑自己實際上已經生病了，恐病症則是對實際生病的恐懼）。

由醫師記錄下來的數百種恐懼症，大多數只影響極少數人。（你有多常碰到害怕牙齒或者害怕坐下的人？）絕大多數的恐懼症，是由數量非常有限的情境或物體造成的。以下是造成恐懼症因素的排名：

- 動物
- 高處
- 血液
- 密閉空間
- 水
- 飛行

一個有恐懼症的人碰到（或者甚至只是預期會碰到）他們恐懼的情境時，通常會體驗到一股恐慌感。這可能包括某些讓人非常不愉快的感覺，例如：喘不過氣、冒汗、胸痛、發抖、窒息感、暈眩感、麻木、四肢刺痛，還有噁心想吐。

當人們高度焦慮的時候，尤其是有恐慌症（panic disorder，見第七章）的人，常常認爲自己會昏倒，不過這是不可能的。我們害怕的時候血壓會上升；昏倒卻是發生在血壓急劇下降的時候。

然而就像大多數規則一樣，這條規則也有例外。有血液－注射－受傷這類恐懼症的人，通常會經歷血壓的急劇下降，有時候會導致他們昏倒（這種反應被稱爲「血管迷走神經性昏厥」〔vasovagal syncope〕）。沒有人確切知道爲什麼會發生這種狀況，不過這在演化上是很合理的。除了昏厥以外，血壓降低的一個附帶結果是減少血流量。如果你剛好受了重傷，這樣可能恰好救了你一命。

恐懼症有多常見？

大多數人在有生之年都會有某個時間點受到不合理或極度誇張的恐懼折磨。關於這個主題有過許多調查研究，回覆有過這種恐懼的人，其占比通常介於百分之五十至百分之六十之間。

不令人意外的是，承受恐懼程度要大到足以讓人虛弱、有資格被稱爲恐懼症患者的，人數就比較少了，雖然仍舊頗爲可觀。舉例來說，美國國家共病調查複查（NCSR）從二〇〇一到二〇〇三年選取了具有全國代表性的樣本，訪談超過九千名成人，結果顯示在這些人之中，有百分之八點七在過去十二個月裡曾經受某種恐懼症所苦。其他的調查也得出了類似的結果。

在年輕人之中，恐懼症似乎很常見。美國有一個針對超過一萬名青少年做的調查，發現幾乎每五人就有一人曾經在人生中的某個時間點患有某種恐懼症。只患有一種恐懼症的情況並不常見。舉例來說，一九九四年的美國國家共病調查（NCS，美國國家共病調查複查的前身）發現，百分之二十二點七的人回覆自己人生中至少有過一種恐懼症，其中超過四分之三曾經歷過兩種或兩種以上的恐懼症。

大多數人的恐懼症在人生早期就開始了。對於動物與血液－注射－受傷這兩類恐懼症患者來說，這通常意味著病灶始於童年；其他恐懼症則通常是在青春期發病。平均而言，一種恐懼要花九年時間才會發展成徹底的恐懼症。

有個驚人的發現是，女性罹患恐懼症的可能性是男性的兩倍以上。為什麼會這樣？有一種理論是，男性不太會承認自己在害怕。

皮爾斯與柯克派崔克做了一個實驗，為這個傾向提供了很生動的說明。他們問一組大學生對各種物體與情境的恐懼程度，其中包括大鼠、小鼠跟雲霄飛車。

研究人員接著通知實驗參與者，他們接下來會看一支影片，影片中會出現這些物體與情境，看完後他們會被要求重新填寫先前那份關於恐懼程度的問卷。研究人員還會在影片播放時監測參與者的心率——研究人員暗示，這個程序能夠測量出這些學生實際上有多害怕。受試的男學生相信他們的回答可以被驗證（其實不然），於是在第二份問卷中承認了自己的恐懼程度其實更高；女學生的答案則保持不變。

就算考慮到在皮爾斯與柯克派崔克研究中的男性傾向於低報自己的恐懼程度，他們的分數仍然明顯低於女性。目前還不清楚女性到底爲什麼比較容易產生恐懼與恐懼症。有些證據指出，女性在基因上更容易受恐懼影響。但環境因素毫無疑問也扮演了某種角色。舉例來說，在許多文化裡，比起女性而言，不太能接受男性表現出恐懼。所以女生可能可以沉浸在她們的恐懼之中，男生卻被教導要克服恐懼。

什麼導致恐懼症？

許多年來，一般相信我們是透過制約的過程習得我們的恐懼與恐懼症：也就是說，我們是透過創傷經驗學會它們的，而這個經驗通常發生在童年期間。（想重溫對於制約的記憶，請見本書第三十九－四十六頁。）舉例來說，想像你散步去學校，有隻很有攻擊性的大狗，突然從一片花園圍籬後面跳起來。幸運的是，這隻動物沒辦法逃出花園。不過這個事件讓你對狗留下深深的恐懼；你只要瞥見一隻，就會再度感受到你在許久之前那個早晨體驗到的驚恐。所以你會不計代價避開狗——因此沒能發現被傷害的機率微乎其微。

制約仍然是一種有用的理論。無數的實驗室實驗已經證明，以這種方式引發動物與人類的恐懼非常有效（這些實驗中最著名的包括你可以在第四十一—四十一頁讀到的亞伯特．B的故事）。此外，許多有恐懼症的人確實把病根追溯到某個早期創傷事件（雖然我們可能會懷疑他們的說詞是否總是很精確：在許多例子裡，他們嘗試喚回的是來自遙遠過去的經驗）。而用來治療恐懼症的心理療法，極其仰賴從制約中獲得的啟示。避開讓我們恐懼的情境、或者迅速從中逃離，會維持並且增強我們的恐懼，所以我們會幫助病患在他們懼怕的情境下度過一段時間（這稱爲「暴露療法」〔exposure therapy〕）。只要在他們這麼做的時候沒有另外採取任何安全行爲（見第五十一—五十二頁），就可以自然減輕他們的焦慮。這是一種明顯有效的治療方法——而且通常也非常迅速：只要一次三小時的療程，就可以根除一種導致多年焦慮的恐懼症。

不過，像華生這類科學家發展出來的古典制約理論，在某些重要的問題上並無法提供充分的說明。例如，爲什麼時常有人沒有經歷過任何創傷形成經驗，就得到了恐懼症？爲什麼大多數在童年確實受過驚嚇的人，卻沒有發展出恐懼症？（舉例來說，有個研究發現，沒有懼狗症的人跟有懼狗症的人一樣，過去都可能曾被狗攻擊。）爲什麼某些恐懼比其他恐懼更常見？根據古典制約理論，任何物體或情境應該都能引起持續的恐懼。那麼要如何解釋爲何懼高比害怕坐車旅行普遍得多，或者爲什麼這麼多人怕蛇，卻很少有人害怕電器用品？

有鑑於這些問題，心理學家重新思考了制約理論的各個方面。比方說，現在的理解是，我們不只透過自身經歷的事件習得恐懼。我們也接收了周圍的人傳遞出來的訊號。我們似乎在孩提時代最容易受到這些訊號的影響，通常是我們的父母讓我們留下最深刻的印象。所以，如果你父親反覆告訴你「狗很危險」，你很可能就會因此相信這個說法。

不過我們不只是根據我們被告知的訊息（這個過程稱爲「資訊學習」〔informational learning〕）發展我們的恐懼。我們也模仿其他人的行爲。第七十八頁那個由蓋魯爾與拉佩主持的實驗，就是個說明這種「替代性恐懼習得」的好例子。這些類型的學習可能比單單一次戲劇性又讓人痛苦的事件更難讓人記得，尤其這些事件可能持續了好幾年。這或許有助於解釋爲何許多人對自己的恐懼想不起任何原因。

爲什麼某些恐懼比其他恐懼更普遍？對一些專家來說，答案在於「生物準備性」（biological preparedness）這個概念，歐曼與米尼卡概述如下：

我們比較可能會恐懼對我們的祖先生存造成威脅的事件與情境（像是有潛在致命性的獵食者、高處、寬闊的開放空間），反而不那麼害怕我們在現代環境中最常碰到的潛在致命物體（像是武器或摩托車）。

根據歐曼與米尼卡的說法，生物準備性利用的是大腦中的「恐懼模組」（fear

module）。這種恐懼模組，以杏仁核爲中心，會在自動且無意識狀態下啟動。（關於杏仁核在焦慮中扮演的角色，請參見本書第五十六—六十一頁。）

爲了支持這個概念，米尼卡跟庫克利用實驗室裡養大的恆河猴進行了一系列的實驗。這些猴子從沒看過蛇，在玩具猴跟真正的紅尾蟒出現在眼前時都沒展現出任何恐懼。然而，在牠們看過影片裡其他猴子對真蛇與假蛇做出恐懼的反應後，一切都改變了。實驗室裡的猴子**學會**害怕蛇。另一方面，顯示猴子對花朵產生恐懼的影片，卻沒讓猴子留下任何印象。如果實驗室猴子可以學會對蛇的恐懼，爲什麼學不會害怕花朵？根據米尼卡與庫克的說法，猴子對蛇的恐懼是內建在基因裡的，因爲蛇會造成危險。實驗室猴子看到其他猴子對蛇的反應，會啟動牠們天生的恐懼。花朵沒有造成這種威脅，因此不會觸發準備好的恐懼。

或許，我們也能夠在特定恐懼症與**厭惡感**之間似乎存在的緊密關係中偵測到演化遺傳。最近的研究顯示，對某些小型動物（像是蜘蛛、大鼠、小鼠、蟑螂、蛞蝓），還有某些血液-注射-受傷的恐懼症，是對厭惡感有不正常的過度敏感。這裡存在一種邏輯。生理上的厭惡感，是被設計出來防止我們接觸可能致病的物質。所以舉例來說，對大鼠的恐懼可能源自這種動物散播疾病的古老惡名；血液恐懼症的基礎則可能是基於對汙染的恐懼。

制約顯然在恐懼與恐懼症的發展中扮演了重要角色。不過，就像幾乎所有的心理問題一樣，通常也會涉及其他因素。例如，認知觀點就凸顯出獨特——而且顯然並無幫助——的思考風格，對於恐懼症發展所產生的促進作用。

舉例來說，研究人員分析蜘蛛恐懼症患者的思維時，發掘出某些非常悲觀的假設。當被問及如果蜘蛛靠近他們，可能會做出什麼事情的時候，他們的反應包括「咬我」、「爬向我的私處」，還有「爬進我衣服裡」。而問他們要是自己碰到蜘蛛可能會有什麼反應，參與者相信他們會「感覺要暈倒了」、「對自己失去控制」、「尖叫」，或者「變得歇斯底里」。換句話說，充滿恐懼的思維在導致恐懼症這方面扮演了關鍵性的角色。

有恐懼症的人傾向於高估受到傷害的可能性，並且低估自己應付恐懼情境的能力。他們也會不斷留意，有沒有任何跡象顯示他們恐懼的情境要出現了。

如同塞萬提斯所寫的：「恐懼有一雙利眼，可以看見藏在地底下的東西，而在蒼穹之上還能看見更多。」這種聚焦於威脅的思考風格，當然只會讓焦慮火上加油。（順帶一提，這些發現很難跟《精神疾病診斷與統計手冊》上的條文協調一致：「（有恐懼症的）當事人承認恐懼是過度或不合理的。」正好相反，對許多人來說，他們的焦慮看來完全理直氣壯。）

恐懼症因果關係拼圖中的最後一片，是由生物性因素所組成。科學家相信對焦慮問題的敏感性，或許跟我們稱爲大腦「恐懼系統」的地方——杏仁核、海馬迴與前額葉皮質——的不平衡有關（關於這個系統，更多內容請見本書第五十六—六十）。那種不平衡的源頭有部分在於基因。

一項針對雙胞胎的研究顯示，恐懼症的遺傳率大約是百分之三十（要重溫遺傳性與基因流行病學領域的概念，請見本書第六十四—六十六頁）。另一項針對男性雙胞胎的分析，估計遺傳率在百分之二十五至百分之三十七。第三個實驗則評估了雙胞胎有多容易被制約去恐懼一系列的刺激源。同卵雙胞胎的表現比異卵雙胞胎更相似，因此研究人員得出結論：恐懼學習的遺傳性大約在百分之三十五至百分之四十五。

所以，基因組成顯然是某些人發展出恐懼症、其他人卻沒有的部分理由。基因可能並未扮演主導性的角色，我們引用的遺傳性數據指出其貢獻為中等程度。不過要是少了基因脆弱性，我們要學會害怕某樣事物、或者看到那種恐懼發展成真正的恐懼症，可能性就更低了。

第六章 社交恐懼症

這就像是攝影機拉近放大一張恐怖、發紅而驚慌的臉……我看起來真的很困窘又緊張。

我的照片看起來充滿罪惡感、緊張、焦慮、尷尬。那是我的臉——五官扭曲、情緒激烈、有著大鼻子、薄下巴、大耳朵跟紅臉。有點笨拙的身體姿勢，內向的身體姿勢，我封閉在自己的世界裡。口音更突出了。我聽起來很笨，口齒不清或者溝通困難。

看著這個房間——很大的房間——桌子圍成一個方形，人都坐在桌子後面。我坐在一張桌子後面。其他人都看著我，真的是盯著看。我看起來嚇呆了——從我眼睛裡就看得出這點，我在發抖，我在講話卻聽不到自己的聲音。我往前傾，手放在前方，撥弄著我的戒指。這些人看起來比實際上離我更近。

以上這些生動描述的第一則，是來自一位恐懼在公衆場合臉紅的女人。第二段是出自一位男性，他害怕被當成蠢笨、口齒不清又無趣的人。最後一段話是來自一位女性，她擔心在社交情境裡發抖、顯得緊張。

這三個人都苦於「社交恐懼症」。他們認爲自己無法勝任社交互動的任務；他們達不到自己與所有其他人期待的標準；他們會爲自己的無能付出高昂的代價，被當成愚蠢、舉止失當或遲鈍的人。在一個充滿壓力的社交情境，他們的想法會自動轉而內縮。他們不關注周遭的世界，反而聚焦在自己的缺陷上。然而，躍上他們心頭的畫面，卻又跟現實沒多大關聯；事實上，這些畫面通常極端扭曲又殘酷無情。

什麼是社交恐懼症？

社交恐懼症——有時候稱爲社交焦慮症——有許多形式。某些人覺得所有社交情境都令人痛苦。對其他人來說，只有在他們必須在人前進行某個特定活動的時候，恐懼才會出現。這類活動中最常見的是公開講話，不過社交恐懼症可能關係到從約會、飲食到使用公廁在內的一切事物。

以下是《精神疾病診斷與統計手冊》上列出的社交恐懼症判準：

- 對於社交情境有明顯的恐懼，害怕與不熟悉的人接觸，或者害怕別人批判自己。他們害怕自己會把焦慮表現出來，或者做出丟臉或尷尬的行爲。
- 幾乎總是會在特定情境中變得很焦慮。
- 承認他們的恐懼是不合理或誇大的。
- 迴避恐懼的處境，或者痛苦地忍耐這些處境。
- 發現自己會因爲焦慮而很難正常行事。

社交恐懼症看起來可能和害羞挺像的。兩者有許多共同特徵：例如對於社交情境的焦慮思維；迴避這些情境的欲望；而且，如果被迫忍受這些情境的時候，會有顫抖、冒汗或臉紅的傾向。社交恐懼症只是害羞的一種極端形式嗎？研究指出，在某種程度上確實如此。科學家比較了許多極度害羞跟有社交恐懼症的人，而他們的經歷十分相似，足以認爲害羞與社交恐懼症是在同一個光譜上占據不同的位置。另一方面，某些害羞的人表示他們並不害怕像是聚會、對話、會議、正式演講或在公開場合吃東西的社交情境。這意味著他們那種形式的害羞，並不只是溫和版的社交恐懼症。所以「害羞」似乎是個相當寬廣的範疇。

社交恐懼症在世界各地都有發現，不過確切的形式可能在不同文化中各有差異。舉例來說，「對人恐懼症」（taijin kyofusho, TKS）在日本很常見，字面意思就是一種對人際關係的恐懼。對人恐懼症與西方的社交恐懼症在許多面向上是一樣的：例如，相信其他人會對自己有不好的看法，感覺自己無法勝任社交互動的任務，還有渴望迴避特定的社交情境。但有個重大的差異。有對人恐懼症的人不是害怕自己尷尬，他們主要怕的是讓別人尷尬或者冒犯別人。因此，他們可能會擔憂自己的外表（或許是臉部表情，或者是某種自認爲的畸形）、體臭，或者某種他們想像出來的不恰當地盯著別人看的傾向。

社交恐懼症有多常見？

社交恐懼症是很常見的焦慮症之一。舉例來說，美國國家共病調查估計有百分之十三點三的美國人會在人生中的某一刻經歷這種疾患。美國國家共病調查複查（美國國家共病調查的後續研究）發現，百分之六點八的受訪者在過去十二個月內曾經罹患社交恐懼症。在美國國家共病調查複查分析這些案例的嚴重程度時，這百分之六點八的數字大致上被分爲「嚴重」、「中度」與「輕度」三種。不過這些詞彙是相對性的，即使是「輕度」的案例都符合臨床上的疾患判準。

社交恐懼症通常始於青春期。一項重要的美國調查發現，十三到十八歲的年輕人，有百分之九在人生中的某一刻經歷過這類問題，其中有百分之一點三受到嚴重影響。就像一般的焦慮症，社交恐懼症在女性身上比在男性身上更常見（比例大約是三比二）。

什麼導致社交恐懼症？

社交恐懼症似乎有家族遺傳性，基因被認爲有一定程度的影響力。遺傳率估計大約在百分之四十左右。然而，遺傳的可能是普遍的焦慮，而不是特定的社交恐懼症。

對於社交恐懼症影響較大的，是科學家所說的非共享環境因素（non-shared environmental factors），也就是只對我們個人有意義的經驗。這些環境因素可能是什麼，大半都還不清楚。不過有一些證據指出，過度保護子女或拒絕子女的父母，可能會影響子女發展出社交恐懼症。確實，這似乎是很合理的假定：拒絕可能傷害一個孩子的自信心，並且讓他們對自己與他人產生一些沒幫助的假設。在過度保護型父母的例子裡，有人認爲他們可能會限制子女發展社交技巧的機會。

對某些理論家來說，社交恐懼症是人類史前時期的遺跡。我們的祖先在面對社會群體內部的威脅時，有兩種選擇：起而捍衛自己，或者屈服。對抗並落敗可能導致自己被邊緣化——甚或是被趕出群體之外這類更糟的狀況。既然風險這麼大，攻擊性或支配性較低的人，可能會覺得乾脆接受較低的社會地位比較明智。

根據這個理論，今日我們在社交恐懼症裡看到的，是這種一度有效的策略以有害的方式被內化了。這些人對於社會階級極端敏感，認爲自己低人一等。他們確信自身的不足之處對所有人來說都顯而易見，所以他們畏懼社交情境。如果不能完全迴避這樣的情境，有社交恐懼症的人就會嘗試盡可能表現柔順而低調自謙。

這個理論禁得起仔細檢視嗎？雖然對於某些害羞之人、還有較輕微的社交焦慮病例來說很可能爲眞，但在患有社交恐懼症的人身上，這個理論尚未經過適當檢驗。所以，至少就現在來說，這仍屬於推測。

社交恐懼症的心理學

然而，在談到要理解產生並維持這種疾患的心理歷程時，整體圖像就淸楚多了。

對於這些心理歷程，最有影響力的模型是一九九〇年代由英國臨床心理學家克拉克與威爾斯所發展出來的。我們將透過一個虛構案例來說明這個模型。

愛麗絲今年三十歲，是個廣告公司文案。她需要定期向同事與客戶簡報她的作品。愛麗絲從來不喜歡她的工作的這個部分，但在過去幾年裡，她的焦慮程度增強到讓她懷疑自己是否該轉換跑道。她很確定自己會出醜，所以在簡報前一天晚上都睡不著覺。愛麗絲很想靠打電話請病假來徹底迴避這種情境。在簡報過程中，她能想到的就只有她感覺有多糟，還有在她在觀衆們眼中肯定很荒謬。如果有任何人對她的簡報表示恭維，她會覺得對方的稱讚是出於嘲諷，或者更糟糕的，是出於憐憫。

讓我們用克拉克與威爾斯的模型來探究愛麗絲的社交恐懼症。雖然愛麗絲自己沒察覺到，但她從青少年時期就對自己還有他人帶著一些毫無幫助的假設。這些假設是在愛麗絲換到新的學校，而且發現自己很難交到朋友之後發展出來的。她急著想要留給別人好印象，但內心深處——儘管所有證據都顯示事實相反——她相信她沒有吸引力又口舌笨拙。

愛麗絲不但低估自己的特質，她還誇大了她遇到的人身上的特質，預設他們都有她自覺缺乏的信心與能力。而她預期其他人會注意到——並且記得——她的表現中哪怕是最微小的問題。只有完美才能過關。

幾乎每個人在做簡報的時候都經歷過某種程度的緊張，不過愛麗絲無意識的假設，意味著這個情境在她眼中的威脅性，似乎比實際上大得多。她一連好幾日都在擔心簡報的事。現在該上場了，她覺得讓自己出洋相的危險似乎比過去任何時候都大。**自行啟動的負面思維**（negative automatic thoughts）充斥了她的腦海：「我做不到這件事。我必須離開這裡。我想吐。每個人都知道我是冒牌貨。」可以預料的是，她的焦慮程度急劇上升。

這種焦慮以三種方式表現出來。

首先是生理症狀：冒汗、臉紅、顫抖、難以專注。愛麗絲很快就注意到這些身體變化。她沒有接受這些變化是壓力情境下的正常現象，反而擔心自己的焦慮情緒正在逐漸失去控制，而且對她的觀眾來說很明顯——這只會增加她的焦慮。

愛麗絲對於焦慮的身體跡象的擔憂，還有她對這些跡象的極度敏感，是社交恐懼症的典型特徵。事實上，研究人員已經發現，光是告訴某人他們正在經歷一種強烈的生理反應——即使這不是真的——都能夠對一個人的思維產生深刻的影響。在一個研究中，學生被要求跟陌生人交談。有些人被刻意引導，相信有個感應器偵測到他們臉紅、顫抖、流汗、心跳加快，這些人表示他們自覺更加焦慮，聲稱體驗到更多這種焦慮的身體跡象，而且他們相信，比起沒得到這些資訊的人，他們在別人面前留下了更糟的印象。換句話說，他們的表現就像患有社交恐懼症的人。

接下來，很關鍵的是，愛麗絲發現自己在想像，她在她的觀眾面前看起來肯定是什麼樣子。她看到一個蠢話連篇、全身顫抖又語無倫次的可憐蟲。這種心像不只是跟現實毫無關係，而且還太過鮮明，以至於她根本沒有去檢視她的觀眾實際上有什麼反應。她反而往內心深處去找現況進展的跡象。

比起其他人，有社交恐懼症的人更可能會在社交情境裡體驗到種種心像，而那些心像既是更負面的，也更有可能是從觀察者的角度來看。研究顯示，光是叫人想一個負面而非正面的自我意象，就會帶來更大的焦慮——當事人感覺到了，對旁觀者來說也很明顯。這也導致人相信自己在社交情境表現得很差。

最後，愛麗絲採取了一些安全行為——她相信這會幫助她熬過痛苦的折磨（請看本書第五十一頁）。她過度記誦講稿、加快簡報速度、避免看她的觀眾，而且設法想起快樂的時光，像是她最近的假期。

但事實上，這些策略幫不了愛麗絲。就像所有的安全行爲一樣，這些做法阻止她發現自己其實焦慮過頭了：在她成功地捱到簡報結束的時候，愛麗絲把功勞歸諸於她的安全行爲，而不是她自己處理高壓任務的能力。此外，這些行爲——就像焦慮的自我意象與身體症狀——把她的注意力往內拉，遠離手邊的任務，潛在來說阻礙了她的表現。而她的觀衆可能會注意到這些行爲。儘管愛麗絲做了這一切讓自己分心的舉動，她瞥見困惑表情或注意力飄移的能力還是相當敏銳。而在她這麼做的時候，她的焦慮又往上衝高了一個層級。

（有意思的是，有社交恐懼症的人對批評高度敏感的想法，已經得到神經學研究的證實。在研究人員要求個別受試者閱讀關於自己的負面評語時，有社交恐懼症的人會顯示出杏仁核——大腦的「情緒電腦」（請看本書第五十六頁）——還有內側前額葉皮質（medial prefrontal cortex，在思考自我方面扮演關鍵角色）的活動明顯增加，沒有社交恐懼症的人卻不會。

簡報結束後，愛麗絲的焦慮並沒有減輕多少。因爲就像許多有社交恐懼症的人一樣，她沒完沒了地琢磨思考自己的表現（克拉克與威爾斯稱之爲「事後檢討」）。而她越是糾結這次的簡報，就越覺得自己做得很糟——然後她又會更加恐懼下一次簡報。

克拉克與威爾斯模型常常在教科書裡被做成流程圖。事實上，它同樣可以被視爲一連串的惡性循環，其中每個環節都同時觸發並增加一個人的焦慮。治療可以打破社交恐懼症的循環。放著不予理會，患者可能會覺得自己像是被困在一台無休無止、殘酷無情的機器齒輪之中。

第七章 恐慌症

一八三七年，從小獵犬號的五年環球壯遊回來後才幾個月，二十八歲的達爾文開始經歷幾種令人困惑又難受的症狀，包括心悸、喘不過氣、顫抖、噁心、暈眩與突如其來的恐懼：

我在夜間醒來，覺得有些不舒服，而且極其害怕，雖然我的理智在笑，告訴我根本沒事，而且還試著掌握會讓人恐懼的對象。

一直到四十五年後，達爾文的生命到了盡頭，這些症狀還持續攻擊著他，而這位科學家兼冒險家迅速地變成一位隱士，如果沒有妻子作陪，他甚至不願離開家：「我早就發現不可能造訪任何地方；新奇與興奮會摧毀我。」

達爾文的醫生診斷出各式各樣的疾病，包括「惡性消化不良」、「黏膜性消化不良」，還有「潛伏性痛風」。到了今日，臨床醫學期刊中的討論做出的結論是，他可能實際上罹患的是「恐慌症」。

什麼是恐慌？

對我們大部分人來說，「恐慌」一詞描述的是一種突如其來的強烈焦慮感。當我們在機場找不到護照，或者懷疑自己刪了電腦裡某個重要檔案時，就會有這種感覺。

雖然令人不愉快，這種體驗無疑是眞正的恐慌「稀釋後」的版本。貨眞價實的恐慌意味著被一波壓倒性的、發自肺腑的恐懼襲擊，伴隨著各種令人不快的身體感覺，其中包括呼吸急促、冒汗、胸痛、顫抖、頭暈、麻木、四肢刺痛、噁心、發冷與熱潮紅。心率可能每分鐘上升超過二十下。

恐慌帶來各種讓人驚恐的思緒——例如我們就要失去控制或者昏倒了、我們要發瘋了，或者我們就要死了。症狀發作得非常迅速，通常在短短四、五分鐘的時間裡達到高峰，一般會持續大約十到二十分鐘。

恐慌是所有焦慮症和其他心理問題（例如憂鬱症）的常見特徵。事實上，一項研究發現，百分之八十三的精神疾患的病人表示至少有過一次恐慌發作。但不同於其他種精神困擾是偶有併發恐慌，恐慌症的核心內容就是恐慌發作。《精神疾病診斷與統計手冊》中的恐慌症定義如下：

- 反覆發生且無法預料的恐慌發作，牽涉到四種以上不同的感官知覺，包括心悸、心跳加速、冒汗、顫抖、喘不過氣、胸痛、頭暈，還有對於死亡、失控或發瘋的恐懼。
- 發作後，會有一個月或更長時間會出現下列現象：
  - ▪擔憂另一次發作的可能性，或者擔憂發作代表的意義（例如覺得這表示一種嚴重的身體或心理疾病）；
  - ▪因爲發作而改變行爲（例如迴避跟恐慌有關聯性的情境）。

回顧這份判準清單的第一個項目，你會注意到「無法預料」這個詞彙。在恐慌症中，「非預期性」是個關鍵。有懼高症的人在被要求搭電梯的時候可能會恐慌發作，但這種引發恐慌的原因對他們來說是很明顯的。恐慌症至少要有兩次發作是突如其來的，且沒有明顯的直接誘因。然而隨著時間過去，常常意識到有某些特定的情境，例如超級市場或巴士旅行，會讓他們更有可能恐慌。

許多有恐慌症的人也爲廣場恐懼症（agoraphobia）所苦。這很合理，因爲廣場恐懼症實際上並不是對開放空間的恐懼，反而是恐懼在無法逃脫又得不到幫助的情境下經歷恐慌發作。因此廣場恐懼症現在不再被視爲一種獨立的疾病，反而被認爲是繼發於恐慌症。有廣場恐懼症的人恐懼的常見情境包括置身人群或搭乘大眾運輸、過橋或搭乘移動式起重機，或者就只是獨處——無論是在家裡還是在外面。

恐慌症有多常見？

大約每五人中就有一人經歷過無法預料的恐慌發作，一般來說是在有嚴重壓力的時候。不過，據信恐慌症在任何時候都會影響人口中大約百分之二的人。至於有生之年的罹病風險，美國國家共病調查複查中有百分之三點七的成人表示曾在某個時間點經歷過恐慌發作，還有百分之一點一是伴隨廣場恐懼症的恐慌症。

恐慌症一般在成年後發病，調查指出平均發病年齡大約二十二歲。然而，美國國家共病調查複查青少年附錄中發現，十三到十八歲的青少年中有百分之二點三會在某個時間點經歷過這種疾患。

恐慌症是另一種女性比男性更常見的焦慮症——在這個例子裡，比例是二比一。

什麼導致恐慌？

一九五九年，美國精神病學家克萊恩提供一種新開發的抗憂鬱劑伊米帕明（imipramine），給幾位可能罹患恐慌症（雖然當時並未使用這種詞彙）的患者服用。克萊恩對於這個新療法並不樂觀：

這比較像是我們不知道還能為他們做什麼，就想著或許這種有獨特鎮靜力量的奇特新型安全藥劑可能會奏效。

不過伊米帕明似乎在克萊恩的病患身上產生了一些顯著的改變：幾天之內，他們的恐慌發作消失了。然而他們整體的焦慮程度基本上還是維持不變。這讓克萊恩在恐慌與焦慮之間做出了開創性的區別。他主張恐慌本身就是一種現象，並不是像當時所相信的那樣，就只是焦慮的一種特徵而已。克萊恩這麼做，替恐慌症的確認做好了準備。（他也發現，在從未經歷過恐慌發作的人身上，廣場恐懼症很罕見——這是另一項重大突破。）

克萊恩繼續研究恐慌，他發現可以靠著給人注射乳酸鈉（sodium lactate）這類物質，或者讓人吸入二氧化碳來引發恐慌。他的結論是：恐慌是生物歷程的產物，特別是察覺到缺乏可呼吸氧氣時會有的反應。（在我們無法正常呼吸時，腦內的乳酸濃度會升高：例如在空氣中二氧化碳過多、氧氣過少的時候。）

我們提出的看法是，許多自發性的恐慌之所以發生，是因為大腦的窒息監測器錯誤地發出缺乏可用空氣的訊號，從而以適應不良的方式觸發了演化出來的窒息警報系統。

對窒息的恐懼是某些恐慌發作的特徵。不過這些年來，有很多支持克萊恩理論的證據都受到了質疑。比方說，沒有人能夠確定窒息警報系統到底位於身體中的什麼位置。此外，科學家已經注意到，有許多不同種類、作用於人體生理不同面向的物質，都能引發恐慌——這意味著，涉入其中的不只有單一的生物機制。同樣地，有好幾種類型的藥物可以阻斷恐慌發作。舉例來說，被給予乳酸鈉的人有將近百分之五十不會出現恐慌反應：恐慌並不是無法避免的反應。

有可信的證據顯示，恐慌發作有心理上的成分，這等於對克萊恩的說法提出了最嚴重的挑戰。舉例來說，拉佩與其同事要求一群苦於恐慌發作的人，以及另一群有社交恐懼症的人，吸入二氧化碳與氧氣的混合物。一半的參與者並未被告知吸入後可能會發生什麼事；另一半的人則得到警告，說他們可能會體驗到跟恐慌症相關的感覺（例如胸悶、喘不過氣、頭昏）。

對於有社交恐懼症的參與者來說，是否得到解釋並沒有差別：他們對氣體的反應完全一樣。但對苦於恐慌發作的人來說就很不一樣了。沒有被告知可能會發生什麼狀況的人，比那些有被告知的人更容易恐慌。類似的研究顯示，如果你就只是給參與者某種能控制實驗的假象——例如引導他們（錯誤地）相信自己可以減少施用物質的供應量——他們恐慌發作的可能性就低得多。

像這樣的實驗對於恐慌心理學解釋的發展至關重要，這種解釋的首要重點不是生理歷程，而是思維。克拉克的研究在這方面帶來了重大影響。[1] 克拉克主張：

恐慌發作是由於對某些身體感覺做出災難性的錯誤詮釋。

所以二氧化碳或乳酸鈉，或者實驗室研究使用的任何替代物質，都不會引發恐慌，至少不是直接引發。造成恐慌的，是對那種物質產生的生理影響做出「災難性的錯誤詮釋」。

讓我們用一個虛構的案例研究，來說明克拉克的理論：

1 克拉克是理解與治療焦慮症的世界級權威，也是新型認知療法的先驅，這類療法改變了恐慌症、社交恐懼症，還有（他與妻子安克．埃勒〔Anke Ehlers〕教授共同研究的）創傷後壓力症的臨床結果。克拉克是牛津大學心理系系主任，也是莫茲利醫院（Maudsley Hospital）的焦慮症與創傷中心主任，他也是在英國國民保健署出色的「心理治療普及化計畫」（Improving Access to Psychological Therapies）中的關鍵人物。

馬丁在幾年前初次經歷恐慌發作。在馬丁看來，那次發作是突如其來的，雖然後來他意識到，由於父親得了重病，自己在過去幾週經歷了異乎尋常的壓力。第一次恐慌發作時，馬丁很確信他就要死於心臟病發了。雖然醫師向他擔保他的心臟完全健康，在後來的幾週甚至幾個月裡，馬丁都一直小心注意著他想像中即將心跳即將停止的跡象：例如他的心臟似乎跳得比正常速度快、胸痛或呼吸困難。一旦發現這些身體變化的時候，他就會變得極其焦慮，以至於通常接著就會恐慌發作。

一段時間之後，馬丁變得沒那麼擔憂心臟病發作的可能性；他的恐懼反而集中於可能會經歷另一次痛苦和不愉快的恐慌。他尤其畏懼在恐慌發作時無法控制自己。所以馬丁就像過去一樣，強力監控自己的身體感覺；唯一改變的，就只有他對那些感覺有何含義的看法（是恐慌發作而不是心臟病發）。馬丁變得不願意離家，就怕會在公開場合經歷恐慌發作，因此「羞辱」了自己。

所以，馬丁的恐慌發作，起初是錯把壓力或焦慮的正常跡象當成即將倒下或甚至死亡的症狀而引發的。後來，馬丁把這些正常的感覺當成即將發生災難性恐慌發作的徵兆——很諷刺的是，這種錯誤詮釋恰恰導致了他所害怕的事件發生。附帶一提，不只是焦慮導致的身體變化會引發恐慌：任何明顯古怪的感覺都有可能引發——舉例來說，在入睡時、做運動時，或者喝太多咖啡後。

就像許多有恐慌症的人一樣，馬丁對於身體變化高度敏感。心理學家埃勒與布魯爾證明了這種傾向；他們找了一批志願者，其中包括一百二十位有恐慌症的人，要他們在沒有測量脈搏的狀況下默數自己的心跳。心理學家發現，那些有恐慌症的人所做的估計比其他參與者準確很多。後續研究發現，有恐慌問題的兒童也是如此。

馬丁不願意離開家的行爲，可能會被診斷爲廣場恐懼症。他的迴避實際上是一種安全行爲。這樣的行爲在大多數恐慌症病例中表現得很明顯，在其他焦慮症中也是如此。馬丁待在家中的行爲，讓自己沒機會學到，他能經歷恐慌發作的症狀，而不會發生災難性事件，無論是心臟病發作還是失去控制都不會。

對於災難性詮釋理論的支持，也來自對於恐慌發作預測因素的研究——這指的是讓人容易恐慌的因素。幾年前，心理學家史密特、勒魯與傑克森接觸了一千多位在美國空軍學院接受為期五週基本軍事訓練的年輕人。訓練極其辛苦——新生在睡眠受限的狀況下忍受嚴酷的體能訓練，受到持續的觀察與評估，而且有許多人是生平第一次遠離家人朋友。或許不令人意外的是，因為高度的壓力，某些新生出現了焦慮和恐慌的問題。

不過史密特與同事發現，恐慌發作的易感性並不是隨機的。正好相反，這可以透過回顧新生在訓練最初做的某個特定心理測驗的分數來預測。這個測驗測量的是「焦慮敏感度」(anxiety sensitivity)，也就是一個人在多大程度上相信，興奮或焦慮時體驗到的身體感覺（例如心率加快或喘不過氣）是有害的。新生的焦慮敏感度分數越高，之後就越有可能經歷恐慌發作。

像這樣的研究導致某些心理學家把焦慮敏感度視為恐慌症的風險因素。這肯定相當符合我們剛探討過的恐慌心理學解釋：焦慮敏感度可以被視為是一種潛藏的傾向，朝著據信會驅動恐慌症的那種「對身體感覺的災難性錯誤詮釋」發展。

我們成長過程中對恐慌與疾病的態度可能會助長這種傾向。研究證明，容易恐慌發作的人，比較可能曾經目睹過父母高度焦慮或恐慌，然後把這些恐慌錯誤詮釋成疾病的徵兆（例如特別容易接受人就是會恐慌發作，或者要求特別注意）。他們也更有可能曾經跟罹患慢性疾病的人同住；這可能讓他們對疾病的症狀特別敏感。

如果生活壓力變得特別大，這種脆弱性可能導致恐慌發作，甚或是恐慌症。另一方面，焦慮敏感度所衡量的可能不盡然是未來產生恐慌的脆弱性，而是當前的低度恐慌症狀。

已有其他風險因素被辨識出來了。例如在童年時經歷過身體或性虐待，會導致成年後恐慌發作的風險顯著增加。遺傳因素也軋了一角，遺傳性估計占了大約百分之四十。事實上，有人認爲恐慌症可能是所有焦慮症中遺傳性最高的。然而就像其他疾病一樣，我們還無法確切知道，究竟有哪些基因會導致恐慌症。

雖然對於恐慌症的生物學與心理學觀點，不同陣營的支持者還在持續辯論中，大量證據卻偏向支持後者。或許這方面最具說服力的證據，就是奠基於心理學的恐慌症療法得到了驚人的成功，尤其是認知行爲療法。這些療法著重改變人如何思考他們的身體感覺、他們的恐慌，還有他們應付這些狀況的能力。

如果恐慌主要是一種生物反射，那麼改變思維模式的治療效果，想必會大打折扣。

第八章 廣泛性焦慮症

在我回顧所有這些憂慮的時候，我想起一位老人的故事；他在臨終前說，他人生中有很多的困擾，其中大部分從沒發生過。

（邱吉爾）

瓜地馬拉的父母會用一種不尋常的技巧，來幫助子女克服憂慮。他們給孩子一個小袋子，裡面裝著六個用布跟木頭做成的小娃娃。每天晚上，孩子都告訴其中一個娃娃某個特定的憂慮，然後把娃娃放到枕頭底下。娃娃的任務是承接——並且帶走——憂慮，從而讓這個孩子得以酣睡。晚上，父母會拿走娃娃。孩子早上醒來的時候，他們的憂慮也就跟著娃娃一起消失。

解憂娃娃（*muñecas quitapenas*）——字面上的意思就是「消除憂慮的娃

娃」——通常是由父母送給子女，不過大人也會使用。而爲何從馬雅文明時期到現在一直有人使用解憂娃娃，是有理由的：它們似乎眞的有效。因爲光是表達出你的擔憂，通常就足以抵消它們。如果你或你的孩子正在對抗夜晚的憂慮，你可能會想做一個自己的解憂娃娃。

什麼是廣泛性焦慮症？

廣泛性焦慮症可能對你來說是新詞彙，不過你肯定熟悉憂慮的概念。以下是憂慮的定義：

> 一連串的思考與心像，充滿負面影響（也就是情緒上的不愉快），而且相對來說無法控制；它代表嘗試解決一項心理問題，而這個問題的結果並不確定，但可能會有一種或多種負面結果。

儘管摻雜術語，你可能會從這番描述中認出自己的憂慮經驗。在我們憂慮的時候，會變得老在想我們生活中的某個面向，設法預測有什麼事可能出錯，還有要是確實出錯了，可能會有什麼後果。（這就是爲什麼某些心理學家稱憂慮爲「要是……會怎樣？」〔what if?〕的思維。）我們可能設想憂慮會幫助我們解決問題，但這通常是一種錯覺。憂慮鮮少有建設性。它沒有改善我們的心情，一般來說反而會讓我們覺得更糟糕。而一旦我們開始憂慮，就很難停下來。

某種程度的憂慮是正常的——就像醫師兼作家湯瑪斯所說的：「或許，在地球上的生物中，我們是唯一會憂慮的動物。我們在憂慮中度過我們的人生。」但對某些人來說，憂慮可能會失控。實際上，我們在本書裡涵蓋的所有焦慮症，都牽涉到很多的憂慮——許多其他類型的心理問題也是，特別是憂鬱症。（嚴格說來，憂慮關注的是未來的問題，而憂鬱症特有的反覆思考則是聚焦於過去的事。然而兩者都是重複性的思考風格，可能是相同的歷程所導致。）

此外，憂慮是廣泛性焦慮症的主要特徵，根據美國精神醫學學會《精神疾病診斷與統計手冊》的定義，此病的顯著特徵是：

・過度、不切實際且無法控制的憂慮。
・持續至少六個月的憂慮。
・至少出現下列情況中的三項：焦躁不安、感覺緊張、疲憊、難以專注、易怒、肌肉緊張、睡眠問題。
・高度的苦惱以及／或者患者的日常生活出現重大干擾。

從這張症狀清單可以了解到，廣泛性焦慮症是一種可能會讓人嚴重心神耗弱的疾病，對一個人的職涯、人際關係與整體健康都有深刻影響。如同頂尖的焦慮心理學家拉赫曼所寫的：

患者會費盡心力去避免風險，會反覆檢查，追求並且推崇小心謹慎的行為，仔細規範他們的日常飲食，實踐最衛生的習慣，而且通常會做出過度保護的行為。儘管做了一切嘗試，他們鮮少獲得安全感或滿足感。

廣泛性焦慮症有多常見？

幾乎每個人都會偶爾感到憂慮。然而我們之中有某些人憂慮得更頻繁，感受也更強烈。在一項研究中：

- 百分之三十八的人表示他們至少一天憂慮一次。百分之十九點四的人每兩、三天憂慮一次。而有百分之十五的人大約一個月憂慮一次。
- 對於百分之九的人來說，他們的憂慮會持續兩小時甚至更久。百分之十一的人憂慮一到兩小時。百分之十八的人憂慮十到六十分鐘；百分之三十八的人憂慮一到十分鐘；而有百分之二十四的人快樂地表示，他們每次憂慮不會超過一分鐘。

大約有百分之三的人為廣泛性焦慮症所苦，而女性罹患的機率是男性的兩倍。研究指出有大約百分之二的年輕人可能在十八歲的時候就已經歷過廣泛性焦慮症，其中有百分之零點三的人受到嚴重影響。

什麼導致廣泛性焦慮症？

廣泛性焦慮症是個相對較新的概念，一九八〇年第一次出現在《精神疾病診斷與統計手冊》中，直到一九九〇年代才眞正獨立成爲一個診斷類別。這部分解釋了爲何關於憂慮研究是相對較新的發展，還沒有哪一種說法獨占上風。

話雖如此，仍有幾種憂慮理論頗具影響力，而在這一節，我們從討論四個主要理論開始，來探討廣泛性焦慮症的成因。

憂慮理論

後設認知模型

「後設認知」（metacognitive）一詞，意思是我們對於自己的思維所抱持的信念。威爾斯發展出的理論，把關於憂慮的後設認知信念，穩固地置於廣泛性焦慮症的核心位置。

威爾斯強調兩種類型的後設認知信念：正面與負面。像許多人一樣，無論他們有沒有焦慮問題，有廣泛性焦慮症的人傾向於把憂慮看成是有益的。舉例來說，他們可能相信憂慮幫助他們預期問題、解決問題；憂慮提供了應對這些問題的動力；或者憂慮會讓他們在找不到解決方案的時候，做好最壞的打算。他們甚至可能覺得，靠著憂慮某件事，就可以避免此事發生，儘管他們意識到這純屬迷信。

顯然，一個人要是把憂慮想得這麼正面，那他就很可能會常常憂慮。不過有廣泛性焦慮症的人跟其他焦慮的人不同，他們對憂慮也有些負面觀點，主要是，憂慮是無法控制的——一旦你開始憂慮了，就幾乎不可能停止；而且憂慮很危險——舉例來說，這就是逐漸逼近的瘋狂跡象。

正是這種對於憂慮的正面與負面觀點的痛苦結合，讓廣泛性焦慮症有別於其他疾病——而且讓患者的生活極其悲慘。這些人憂慮，是因為他們覺得這樣做是對的；然而憂慮又是巨大痛苦的源頭。其實就像這個理論所揭露的，有廣泛性焦慮症的人甚至會爲自己的憂慮感到憂慮。

認知迴避理論

相當不同的是，賓州州立大學的博柯維奇主張，憂慮主要是一種迴避策略。我們要迴避的是現在，當我們因爲聚焦於未來而感到憂慮的時候，就會這麼做。博柯維奇認爲這種迴避採取三種形式。

首先，我們憂慮是因爲我們相信這樣會幫助我們避免災難發生，或者在災難確實發生的時候，可以幫助我們應對。

其次，憂慮相對來說很表面或者不太可能發生的威脅，能讓我們分心不去想更痛苦的問題。比方說，博柯維奇注意到有廣泛性焦慮症的人在他們的人生中經歷了比較多的創傷，人際關係也比較差。

最後，憂慮壓抑感受，讓我們可以迴避恐懼事件對情緒造成的全面衝擊。博柯維奇主張，憂慮本質上是口語思維。而口語思維並不是情緒的良好媒介。

要真正感受一件事，我們需要把它視覺化，不過憂慮讓我們分心不去想這樣的影像。博柯維奇引述的研究指出，憂慮降低了回應威脅性影像時的身體激動程度（像是心率）。他的結論是：

總而言之，憂慮者可能藉由聚焦於口語管道來逃避充滿恐懼的意象，同時他們在思考未來時使用更抽象的詞彙、鮮少提到具體細節，例如「某種糟糕的事情就要發生了」。

無法忍受不確定性

對於柯爾納還有杜嘉來說，廣泛性焦慮症的基礎在於無法忍受不確定性：

無法忍受不確定性的人相信，不確定性充滿壓力又讓人苦惱，對於未來感到不確定是不公平的，無法預期的事件是負面的，應該加以迴避，而且不確定性會干擾一個人正常運作的能力。

從定義上來說，憂慮幾乎就是嘗試預期並控制不確定的未來事件。所以，極度無法忍受不確定性的人會變成持續的憂慮者，似乎很合乎邏輯。

柯爾納與杜嘉推測，從無法忍受不確定性到憂慮的過程，可能受到三個因素影響。第一個是我們在討論後設認知模型時談過的，對憂慮的正面信念。第二個是博柯維奇辨識出來的認知迴避形式。第三個則是許多有廣泛性焦慮症的人所抱持的信念，他們自認不善於解決問題：「因為大多數問題都存在某種程度的不確定性，因此不難理解有廣泛性焦慮症的人就算是解決很小的問題，都有可能變得受挫又不知所措。」——這只會增加他們的焦慮，並且讓他們的憂慮火上加油。

心情輸入值理論

憂慮的心情輸入值理論（mood-as-input theory），是由英國心理學家戴維所提出，不過在理論出現之前幾年，就有其他研究人員做了一項實驗，為此提出很好的證明。在那個實驗中，一半的實驗參與者被引導進入壞心情，另外一半則被導引到好心情的狀態。然後他們每個人都被要求列出一份鳥類名稱清單。一半的人被告知他們可以想停止就停止（「想繼續才繼續」的停止規則），另一半則要繼續想到再也想不出任何鳥名爲止（「盡可能多」的停止規則）。

參與者對這些停止規則的反應，視他們的心情而定。對於「想繼續才繼續」這一組來說，心情愉快的人比心情不好的人堅持得更久。不過在「盡可能多」的這一組，情況就逆轉了：心情不好的人更有可能堅持到完成任務。

戴維主張，這個實驗把嚴重憂慮的兩種基本特徵都涵蓋在內。首先是我們對於是否圓滿完成任務的感覺，通常是基於我們的心情，而不是基於任何客觀的衡量標準。對於沒有明顯結束點的任務來說尤其如此，像憂慮就是這樣。負面的心情表示任務還沒完成。所以某個感覺焦慮或不快樂的人——受廣泛性焦慮症所苦的人通常就是如此——就可能會覺得他們憂慮得還不夠。

第二點是，持續憂慮的人傾向採用「盡可能多」的停止規則。這可能有部分是因爲在我們心情低落的時候，似乎有種自然傾向選擇採用這樣的規則，也有部分是因爲憂慮之人通常會堅持某種相當嚴格的信念：例如，如果要迴避掉災難，憂慮是必要的；只有完美才能過關；還有，不確定性是不受歡迎的。不過「盡可能多」這種停止規則可能很難遵循。而像憂慮這種開放式（open-ended）活動，鮮少看得到明顯的結束點。

廣泛性焦慮症的生物學觀點

我們對於憂慮的時候大腦裡發生什麼事了解多少？針對憂慮的神經學研究發展才剛起步，不過已經有某些見解浮現出來了。

在一項研究中，科學家要求有廣泛性焦慮症的人與不焦慮的人一起花些時間思考各種臉孔跟語句，其中一些不會引起任何情緒共鳴，但另外一些則是被設計出來誘發憂慮的。任務進行期間，會有一台功能性核磁共振造影（fMRI）掃描儀，記錄參與者的大腦活動。

無論是焦慮組或不焦慮組，在憂慮的時候都會激發相同的腦區。這些腦區有內側前額葉皮質，它在我們對於自我的思維中扮演了重要的角色；還有前扣帶區（anterior cingulate region），它的任務之一就是參與解決問題與處理情緒。不過兩組之間有一個差異。在有廣泛性焦慮症的人身上，就算在要求他們停止思考一句話或一張臉，轉而放鬆下來的時候，他們的大腦「憂慮」區還是保持活躍。我們知道有廣泛性焦慮症的人很難停止憂慮——這個實驗提供了神經學上的證據。

在談到遺傳影響的時候，證據指出，與許多其他焦慮症相比，遺傳影響對廣泛性焦慮症沒那麼重要。這種疾患似乎有家族遺傳性，至少在某種程度上有，但絕大多數是環境因素所造成。在兩項雙胞胎研究裡，都完全沒發現遺傳影響，而另外三項研究估計遺傳性大約百分之二十。此外，廣泛性焦慮症的基因脆弱性確實非常接近憂鬱症的基因脆弱性，導致某些研究者認爲「從基因的觀點來看，重度憂鬱症（major depression, MD）與廣泛性焦慮症似乎是同一種疾病」。

廣泛性焦慮症的社會學觀點

從遺傳影響的角度來看，廣泛性焦慮症與憂鬱症可能看似完全相同，不過如果我們檢視兩種疾病的長期風險因素，就會浮現出更大的差異。

研究人員追蹤一千名紐西蘭人，從嬰兒時期一直追蹤到三十二歲，發現雖然臨床憂鬱症與廣泛性焦慮症共享了某些風險因素，彼此的差異卻更爲顯著。憂鬱症跟此病的家族病史以及青春期的問題有關。另一方面，廣泛性焦慮症則與童年經驗密切相關，特別是低社經地位，帶有焦慮、敵意或虐待性質的父母教養，抑制型氣質（inhibited temperament），容易憂慮、不快樂或恐懼的傾向，還有像是霸凌、打架、偷竊、暴怒與撒謊等行爲問題。

同樣地，心理學家訪談一群荷蘭小學生的時候發現，認爲父母很焦慮或者會拒絕他們的兒童，會表現出較高程度的憂慮。自認是「不安全依附」的人也是如此——這表示他們跟父母的關係存在根本性的問題（更多關於依附風格的說明，請見本書第七十四頁）。很明顯的是，研究人員仰賴這些兒童的自述。

而不無可能的是，這些表示在父母教養中經歷困難的兒童之所以這麼說，是因為他們有憂慮的傾向。雖然如此，這個研究仍強化了紐西蘭研究提出的憂慮與童年經驗的連結。

第九章

強迫症

你是否曾經出門之後又匆匆掉頭回去，也許還回去好幾次，就爲了檢查有沒有鎖好前門或關上瓦斯爐？你有沒有發現自己在趕往機場的路上再度打開行囊，就只爲了確定你沒忘記帶護照？你是否有時在上完廁所或摸完某樣髒東西以後，覺得需要反覆洗手？

有沒有奇怪的念頭憑空從腦海中冒出來？比如說，你有沒有發現自己在想你就快要打某個人了？或者，在最不恰當的場合偏偏想大吼或罵髒話——也許是在葬禮上，或是在圖書館裡？

如果你對上述任何一個問題給予肯定的答案，別擔心。實際上，每個人都會偶爾體驗到像這樣的衝動。這些衝動有時似乎相當詭異。以下是一般大衆自己提出的衝動選錄：

- 把某人推到火車前面的衝動。
- 希望某個人會死掉。
- 把嬰兒丟下樓梯的念頭。
- 置身於車禍中、被困在水下的影像。
- 碰馬桶座可能會感染疾病的念頭。
- 覺得自己手上總是有汙垢。
- 想說話傷人的衝動。
- 在教堂裡脫口講出某些話的念頭。
- 關於「不自然」性行爲的念頭。
- 電器會在我出門時著火的想法。
- 有人闖入我家的想法。
- 我沒把車子的手煞車拉好，車子會在我離開時發生交通事故的念頭。

什麼是強迫症？

對一小部分的人來說，那些正常的念頭與衝動可能惡化到失去控制，主宰他們的生活，並且發展成極端強勁又令人痛苦的一整套憂慮與儀式，被稱爲「強迫症」。

「執念」（obsession）一詞通常用來表示對某件事物的熱切興趣，不過在這裡卻有個特定而且相當不同的意義。強迫症中的「強迫觀念」（obsession）是讓人苦惱而多餘的念頭、意象，還有一直重現的衝動，有時候甚至會日夜不休。這些強迫觀念實在太讓人難受了，以至於有強迫症的人用各式各樣複雜又費時的儀式，設法讓這些念頭消失，或防止這些念頭預測到的傷害發生。這些儀式被稱爲「強迫行爲」（compulsions），它們可能是行動（比如檢查家裡是否乾淨到纖塵不染）或思維（比如在腦海裡重複一句特定的「抵消」短語）。

（順帶一提，強迫症的英文名稱「obsessive-compulsive disorder」是妥協的結果。德文精神醫學名詞「Zwangvorstellung」字面上的意思是「無法抗拒的念頭」，而這個詞彙被翻譯成英文時，英國人選擇使用「obsession」一詞，美國人卻選用「compulsion」。）

一個人可能被診斷爲強迫症的狀況如下：

- 他們會有固定的多餘與不恰當的念頭、衝動或意象。
- 這些念頭、衝動或意象令人痛苦難受，而不只是關於眞實生活問題的誇大憂慮。
- 他們嘗試忽略或壓抑這些念頭。
- 他們體認到這些念頭是自己腦子裡的產物。
- 他們採取重複性與儀式性的行爲或意念（也就是強迫行爲），來回應他們的強迫觀念。
- 強迫行爲的目的是減少強迫觀念造成的痛苦、或者防止某些可怕的事件發生，卻太過度而且不實際。
- 他們體認到強迫觀念或強迫行爲是不合理的（這樣的體認通常時有時

無，依個人當下的感受而定）。

・強迫觀念或強迫行爲導致顯著的痛苦，每天占用個人一小時以上的時間，或者對一個人的正常生活造成重大影響。

形式最嚴重的強迫症可能會產生毀滅性的影響，占據一個人太多的時間，以至於他們無法繼續過正常生活。舉例來說，對於一個恐懼汙染的人來說，每天花上好幾小時洗滌物品跟洗澡並不罕見。在所有焦慮症中，最可能導致住院的就是強迫症，你可以從這個事實中稍微理解到它的潛在嚴重性。

有時候強迫行爲與強迫觀念之間有種合乎邏輯的連結（例如對感染某種疾病的恐懼，結果造成持續清洗），在另外一些狀況下，卻沒有明顯的道理（例如一個人可能執行計數的儀式，以避免他們心愛的人受到傷害）。絕大多數有強迫觀念的人也有強迫行爲，不過兩者都可能獨立發生。

強迫症是個異質性相當高的類別，包含範圍相當廣的種種焦慮與症狀。爲了努力釐清這種多樣性，科學家辨識出五種「維度」（見表1）：

儘管有這番賦予秩序的努力，對於到底什麼應該被歸類爲強迫症的辯論還在繼續。例如有些專家主張，囤積本身就是一種形式獨特的病症。其他專家則論證，某些宗教狂熱不該只被看成一種強迫症，而該被視爲「過慮症」（scrupulosity disorder）。

強迫症有多常見？

如同我們看到的，侵入性意念（intrusive thoughts）是正常的，大約百分之八十的人偶爾會有這種想法。有人估計過，一般人每天有大約四千個念頭，其中大多數會持續約五秒鐘。這些念頭中大約百分之十三（也就是

表1　強迫觀念和強迫行爲的五種維度

強迫觀念	強迫行為
施加傷害，或者沒能阻止傷害	檢查；尋求保證
對稱性	排序與計數
汙染	洗滌與清潔
性、暴力、宗教	各式各樣
囤積（獲取並保留在他人看來價值很低或沒有價值的物件）	收集

說大約有五百個）是自動出現在我們腦海中。

大約有百分之二至百分之三的人，在人生中的某個時間點發展出強迫症。近期的美國國家共病調查複查估計，百分之一點二的受訪者在過去十二個月內罹患過強迫症，而這輩子至少會有一次強迫症的比率約爲百分之二點三。這種疾病最常見的形式是檢查、囤積與排序。平均來說，在一天之中強迫觀念占用了這些人五點九小時，強迫行爲則占用了四點六小時。從強迫症消耗掉的時間來看，在前一年經歷過這個疾病的人，有幾乎三分之二表示生病嚴重干擾他們的日常生活，也就不令人意外了。

如同我們看到的，許多焦慮症在女性中似乎比在男性中更盛行。在強迫症的例子裡，這種狀況比較不明確；美國國家共病調查複查報告指出女性的風險明顯高於男性，然而其他研究卻沒發現性別差異。

強迫症可能發生在任何年齡，不過最常見的狀況是發生在青春期晚期或成人早期（在美國國家共病調查複查中，初次發作的平均年齡是十九點五歲）。

什麼導致強迫症？

心理學觀點

直到一九七〇年代爲止，大多數心理健康專業人士都透過精神分析的濾鏡來看待強迫症：把強迫觀念看成是深層的、本能的、主要來自性欲的衝動迸發，強迫行爲則被看成是控制這些衝動的嘗試。說服強迫症患者拋棄他們的強迫行爲，被認爲是一種肯定會將患者推向精神病（psychosis，這是精神錯亂〔insanity〕的術語）的手段。

隨著像是拉赫曼這樣的行爲心理學家做出的突破性研究，這種共識開始改變了。行爲學家主張，強迫觀念是起於被制約的焦慮。比方說，一個學會恐懼汙染的人，可能因爲看到或只是想到灰塵，就會變得焦慮。而當他們洗滌了自己，焦慮很快就會平息。而且因爲洗滌讓他們感覺好多了，他們下次感到焦慮的時候就會再度這麼做（這是「正增強」〔positive reinforcement〕的一個例子）。

不過拉赫曼與同事證明，並沒有必要以強迫行爲來減少強迫觀念觸發的焦慮。在所謂的「暴露及反應阻止療法」(exposure and response prevention treatment)中，患者被教導要忍住強迫性反應。他們發現，光是這麼做，他們的焦慮就會下降。強迫觀念與強迫行爲的惡性循環被打破了，強迫症症狀通常隨後會持續改善。

強迫症的認知理論是建立在行爲主義取向的見解上。主要模型是由薩爾科夫斯基所提出，他主張強迫症患者有別於他人之處，不是令人不快的侵入性衝動——如前所見，幾乎每個人都會有這類衝動——反而是他們詮釋這種衝動的方式。

如同薩爾科夫斯基所說，這種詮釋的核心概念是，「當事人現在、過去，或未來，可能都要爲(對自己或他人的)傷害及其預防負責。」所以有強迫症的人可能會相信，如果他們不一直洗淨自己或清潔他們的家，他們或他們心愛的人就會罹患致命的疾病。一個受到暴力念頭困擾的人，可能會相信這種念頭證明自己會危害他人。而一個在腦中看見自家陷入火海的人，可能會恐懼這就是將來會發生的事，除非他們反覆檢查電器是否已經關上了。薩爾科夫斯基主張，這些責任感通常是早年生活經驗的結果——例如我們從小到大時被教導的態度。

可以理解的是，這樣的感受可能導致很大的焦慮。有強迫症的人設法透過他們的強迫行爲，讓自己擺脫那種焦慮（並防止他們恐懼的災難發生）。不幸的是，雖然強迫行爲可能帶來短期的紓解，長期來說卻只會維持甚至增加焦慮。這種狀況有好幾個理由：

- 強迫行爲把一個人的注意力拉到強迫性思維上，讓它更有可能重現。
- 強迫行爲是安全行爲的一種形式。如同我們所看到的，安全行爲阻止我們發現自己的焦慮是被誇大了：某個因爲害怕汙染而避免與他人接觸的人，無法學會握手其實不會感染疾病。
- 強迫行爲時常涉及不切實際的目標。不管我們採取什麼樣的預防措施，永遠不可能確定意外不會發生。無論我們花多長時間洗滌和清潔，肯定做不到絕對的潔淨無瑕。渴望取得斬釘截鐵的確定性，讓有強迫症的人覺得自己總是必須做得更多——因此讓他們的焦慮變本加厲。

- 許多強迫行爲本質上就會適得其反。例如，有強迫症的人通常企圖壓抑他們的強迫觀念。不過企圖不去想某件事，會讓你更常去想這件事，而非相反。（你可以試試看：試著別去想白熊。）而且有證據指出，有強迫症的人比其他人更無法壓抑思緒。
- 反覆檢查是強迫症的常見特徵。然而檢查並不會帶來確定性：事實上，一個人（甚至是沒有任何心理問題的人）檢查某件事越多次，就會變得越不確定。這是因爲反覆檢查會降低我們的記憶鮮明程度，卻不影響記憶準確性。而因爲記憶似乎變得比較不鮮明，我們就更不信任它了——然後就會因此再檢查一次。

薩爾科夫斯基及同僚們發展出的認知行爲療法，教導有強迫症的人改變他們詮釋自身衝動思維的方式——把它們看成是正常且無關緊要的，而不是對於個人責任的不祥提醒——並拋棄讓他們的焦慮變本加厲的強迫行爲。

生物學觀點

從神經學上來說，強迫症跟其他焦慮症截然不同。如同我們在第二章所看到的，後者被認爲牽涉到杏仁核、額葉和／或海馬迴的問題。另一方面，強迫症的特徵似乎是由眼眶額葉皮質（orbitofrontal cortex）、前扣帶皮質（anterior cingulate cortex）、紋狀體（striatum）及視丘（thalamus）組成的一個迴路功能失常了。（順帶一提，囤積被認爲牽涉到不同的腦區——某些科學家覺得囤積症不該被歸類爲強迫症的一種形式，理由之一在此。事實上，由馬泰-柯爾領導的研究指出，洗滌、檢查與囤積各自涉及「不同但部分重疊的神經系統」。）

對於特別嚴重的強迫症病例——對心理治療或藥物都沒有反應的例子——進行外科手術是有可能的。（強迫症是唯一一種能靠神經外科手術手段治療的焦慮症。）這種手術稱爲扣帶迴切除術（cingulotomy），目標在於從扣帶迴切斷強迫症的神經迴路。手術成功率中等：針對一九八九年以來在麻州總醫院進行手術的四十四名病患所做的研究，發現有百分之三十二的人獲得顯著改善，另有百分之十四體驗到部分的益處。其中某些病患動過一次以上扣帶迴切除術。

強迫症似乎具有家族遺傳性，但程度並不嚴重。如果你的一等親患有強迫症，你有強迫症的風險就會從百分之三提升到百分之七。基因遺傳性被認爲不太高。對於強迫症的雙胞胎研究很少見，不過有些研究發現缺乏遺傳性的證據。另一方面，有一項針對類似強迫症症狀的雙胞胎研究，估計遺傳性約有百分之三十六。

環境觀點

既然基因對強迫症的影響相對有限，聚光燈就落到環境因素上了。強迫症與童年的創傷事件（尤其是性虐待）、相對較低的社經地位，以及帶有敵意或忽視的教養方式有關。然而這些經驗也會讓人比較容易罹患一般的焦慮症，甚至會有憂鬱症、酒精與藥物問題，以及範圍很廣的種種精神問題。我們仍然會繼續研究對強迫症特別有影響的環境因素。

第十章 創傷後壓力症

在二〇〇一年九月十一日的世貿中心恐攻事件後的數千名志願工作者中，有許多人是醫師。他們的經歷太讓人難過，以至於研究人員在十八個月後聯絡他們的時候，大多數人寧可不分享他們的想法。然而也有少數人確實同意開口。德里西收集了他們的陳述：

其中一位女醫師是精神科醫師……經歷了倖存者的罪惡感，而且（覺得）她需要做更多。在受訪當時，她仍然覺得跟其他人有些疏離，焦躁易怒，還有種種讓人難過的記憶徘徊不去。

另一位醫師說他在九一一之後喝酒的量是之前的兩倍。他自願在世貿中心附近的一個檢傷站工作，每天十小時……他自陳他最糟糕的記憶，是看到人從雙塔上跳下來。

有一位醫師是住院部的精神科醫師，攻擊事件發生後，他的工時變得比較長。他的酒精攝取量在攻擊事件發生後增加了，而在訪談當時，他還承認闖入他思緒中的痛苦影像占滿了他的心思。他仍然迴避參與會讓他想起攻擊事件的活動。

不過，會產生心理問題，直接參與救援並不是必要條件。許多美國人，就算是生活遠離紐約市的人，都受到了極大的衝擊。九一一之後兩個月，在一項橫跨全美、受訪者達一千三百人的調查中，有百分之十七出現了創傷後壓力症的相關症狀。（擴大代表性樣本的規模後，你就會得出總共有四千五百萬人因爲攻擊事件而承受嚴重的精神痛苦。）隨著時間過去，回報症狀的人數下降了。三年後，同樣的研究人員聯絡了一千九百五十人，發現受影響的人占百分之四點五。

整體而言，最有可能出現問題的人具有以下這些經歷：

・親眼目睹攻擊事件；
・看了電視上的現場轉播；
・在童年時期或者九一一之後經歷過創傷事件；
・先前曾罹患某種精神疾患。

什麼是創傷後壓力症？

從九一一對紐約人造成的驚恐強度來看，許多人——尤其是直接遭受暴行影響的人——後來出現嚴重的心理問題是意料中事。不過創傷後壓力症通常是被更常見的災難所觸發的。美國精神醫學學會的《精神疾病診斷與統計手冊》如此定義創傷事件：

當事人經歷、目睹或者遭遇一起或多起事件，其中涉及實際的死亡或死亡威脅，或者是嚴重傷害，或者是自己或他人的身體完整性受到威脅。這種創傷的例子包括嚴重的交通事故、性侵、身體侵犯、暴力搶劫或襲擊、親人突然死亡、軍事政變、酷刑、自然災難，還有被診斷出可能致命的疾病。

創傷後壓力症有三種症狀（必須持續超過一個月）：

．**重新經歷創傷事件**。可能以夢魘或閃回（flashback）的形式出現，這時當事人會覺得自己直接回到恐怖經驗當中。無論當事人如何堅持嘗試忘卻，關於創傷的念頭還是持續重現。痛苦的回憶可能是由最微小的事情引發——或許是某種特定的聲音或氣味、某個地方，或者某人臉上的表情。

．**迴避任何創傷事件的提示／感覺麻木**。創傷的記憶太擾人，以至於受創者會盡全力避免觸發相關記憶。他們嘗試壓抑關於事件的思緒；他們徹底迴避可能提醒自己發生過什麼事的人與地方；而且他們不想談自己的經驗。有創傷後壓力症的人通常表示自己在情緒上「麻木」——至少對於像是快樂這種正面情緒麻木無感。而他們可能嘗試利用酒精或藥物來緩解他們感受到的焦慮與憂鬱。（某些專家認爲，麻木跟迴避之間的差別很大，可以被視爲獨立的症狀類別。）

・**經常感到緊張不安**。這是心理學家所謂的「過度激發」（hyperarousal）狀態，意味著總是覺得焦慮、易怒而緊張。有創傷後壓力症的人對創傷的任何提示持續保持警戒：這一點主宰了他們的世界，日夜不休（睡眠問題是創傷後壓力症的典型症狀）。

然而，就像所有精神病診斷一樣，許多人可能出現的症狀不夠嚴重、不夠持續或不夠多，不符合官方判準，卻還是導致許多痛苦。而某些研究人員曾經質疑《精神疾病診斷與統計手冊》對於什麼構成創傷的詮釋，認爲像是慢性病、離婚或失業等負面生命經驗，可能產生至少跟強姦、攻擊、意外等事件一樣多的創傷後壓力症症狀。

創傷後壓力症有多常見？

對於創傷後壓力症的盛行率，美國國家共病調查所提供了一幅可靠的圖像：調查中發現大約有百分之五十的人在一生中至少經歷過一次創傷，而全體樣本中有百分之七點八發展出創傷後壓力症。在年輕人身上，數字沒有顯著不同。在一萬名爲了美國國家共病調查複查青少年附錄而受訪的十三到十八歲青少年中，百分之五的人表示曾經經歷創傷後壓力症，其中百分之一點五情況嚴重。

許多類型的創傷都可能觸發創傷後壓力症，不過某些類型比其他類型影響更大。根據美國國家共病調查，最有可能在女性身上導致創傷後壓力症的創傷是性侵、性騷擾、身體攻擊、被人拿武器威脅，還有童年時期的肢體虐待；而在男性身上則是性侵、暴露於戰鬥中、童年時期的忽視與身體虐待。

在美國國家共病調查中，女性發展出創傷後壓力症的機率是男性的兩倍，雖說她們經歷的創傷比較少。但這只提供了部分的解釋，事實上女性更有可能經歷一般來說會造成創傷後壓力症的創傷種類（例如性侵）。遭受相同類型的創傷後，女性比男性更有可能發展出創傷後壓力症——原因現在還未知。

對於開發中世界的創傷後壓力症研究相當稀少。不過由德容領導的團隊，在世界上最窮困、衝突最多的四個國家，調查了這個問題的發生率：阿爾及利亞，在一九九一年選舉被取消後，爆發了駭人的暴力事件；柬埔寨，此地在一九六〇年代持續內戰，接著經歷殺人如麻的赤柬政權；衣索比亞，同樣受到內戰重創；還有加薩，從一九六七年被以色列占領以來衝突不斷。我們預期創傷後壓力症盛行率在這些問題重重的國家會比西方來得高，事實也證明如此：阿爾及利亞是百分之三十七點四（在德容研究當時，暴力仍是現在進行式）；柬埔寨是百分之二十八點四；衣索比亞是百分之十五點八；而在加薩是百分之十七點八。

一九八〇年，《精神疾病診斷與統計手冊》首度將創傷後壓力症收錄在其中，才開始有人被診斷爲創傷後壓力症。從第一次世界大戰開始，人們就已經認知到戰鬥對心理的影響，當時有大量士兵出現「彈震症」。不過要一直到一九七〇年代創傷後壓力症才得到承認，大半是透過專業人士的努力，尤其是他們與越戰退伍軍人——越戰造成了數千個病例——以及性侵倖存者協力付出的結果。在一九九〇年，據估計有超過一百萬名美國退伍軍人因爲他們在越南的經驗而患上創傷後壓力症，其中四十七萬九千人當時仍在對抗這種疾病。

是什麼導致創傷後壓力症？

心理學觀點

在某個意義上，創傷後壓力症的起因是很明顯的：一個特定的創傷。然而這只是解釋的一部分。爲什麼某些遭到性侵或痛打的人會出現創傷後壓力症，有些人則不會？

在試圖回答這個問題的心理學嘗試中，堪稱最有影響力的是由埃勒與克拉克所提出的解答。

埃勒與其同僚共同進行的一項研究，很漂亮地說明了這個理論。在六個月中，他們追蹤了一百四十七位機動車交通事故受傷者的後續進展。事故發生後兩週，三十三人（百分之二十二點四）符合創傷後壓力症的診斷判準（當然了，唯一不符的是「症狀持續超過一個月」的那一條）；六個月後，有十七人（百分之十二點一）仍受到影響。

這些出現創傷後壓力症的人都傾向於有某些特徵：

- 事故發生前：有情緒問題與過往創傷經驗的歷史。
- 事故發生時：聚焦於創傷引起的感官知覺，而不是所發生之事的意義（這稱爲「資料驅動處理」〔data-driven processing〕）；感覺事故發生在別人身上（缺乏「自我指涉思維」〔self-referential thinking〕）；感覺疏離或麻木，或者事故並不眞實。

- **事故發生後**：對創傷抱持悲觀看法；無法清晰回憶事情的經過；認爲缺乏來自親友的支持；持續想到意外及其後果，或者正好相反，迴避所有記憶提示物；採取安全行爲（例如拒絕搭車旅行）。

埃勒與克拉克主張，創傷後壓力症是起於當事人相信他們所經歷的創傷，**仍然在某方面嚴重地威脅他們**。爲什麼一個人會假定他們仍然被幾個月、甚至幾年前發生的事件威脅？埃勒與克拉克辨識出兩種因素。

第一種是對創傷及隨後而來的正常感受做出負面詮釋，例如：

- 沒有任何地方是安全的。
- 災難是我招來的。
- 我無法應付壓力。
- 我要發瘋了。
- 我永遠無法克服這件事。

・沒有人支持我。

這些詮釋可能會讓當事人在**身體上**感到危險（世界似乎從根本上就是不安全的），或者在**心理上**感到危險（他們的自信與幸福感似乎受到無可修復的損害）。

第二種是創傷記憶的問題。由於當事人在事發當時的反應方式，記憶在某種程度上無法獲取發展得當的脈絡與意義。因此記憶會持續侵入，任何微小的創傷記憶提示（一種顏色或氣味，或者含糊的物理相似性）都會自動觸發。埃勒與克拉克把創傷記憶比喻爲：

> 一個櫥櫃，許多東西被迅速、雜亂地丟進去，所以不可能完全把門關上，而且裡面的東西會在出乎意料的時候掉出來。

（在一個相關理論中，布魯溫主張，如果對於創傷的無意識的情境接觸記憶〔situationally accessible memories, SAM〕——主要由感官資訊所組成——無法被整合到有意識的語文接觸記憶〔verbally accessible memory, VAM〕中，就會發展出創傷後壓力症。）

在車禍研究中，正是採取這種行爲的人會維持在創傷後壓力症狀態。因此，認知療法的目標在於說服當事人放棄這些行爲，並且設法處理刺激他們的負面信念與不完整的記憶。

生物學觀點

創傷後壓力症的特徵似乎是大腦邊緣系統出現了問題，特別是下面這幾個地方之間的關係：

- 杏仁核，無意識恐懼記憶的倉庫；
- 前扣帶皮質，幫助控制我們的恐懼反應；
- 海馬迴，儲存情境記憶（例如可怕的事件發生時，我們在哪裡，還有我們在做什麼），因此可以幫助我們判斷一個情境是眞正有危險，或者只是跟前一個威脅性事件在某些方面很相似。

在苦於創傷後壓力症的人身上，杏仁核可能過度活躍，前扣帶皮質與海馬迴則機能低下。甚至有證據指出，創傷後壓力症患者的前扣帶皮質與海馬迴實際上比較小，雖然還不清楚這是疾病的結果還是原因。（事實上，受到影響的可能不是整個海馬迴；近年的研究強調創傷後壓力症患者的海馬迴有某個特定區域萎縮了。）

少了前扣帶皮質與海馬迴的調節性影響，杏仁核可能會在沒有威脅的時候，也感知到了威脅——這是創傷後壓力症的一項正字標記，其實一般的焦慮症也都是如此。

有人認爲海馬迴可能是受皮質醇這種荷爾蒙的影響而萎縮的。皮質醇還有相關的其他神經化學物質，是透過下視丘－腦垂體－腎上腺軸（hypothalamic-pituitary-adrenal axis, HPA軸）釋放，目的是激發身體去對潛在威脅做出反應。科學家們正在探究這個觀念：HPA軸的功能失調可能在創傷後壓力症中扮演了要角。然而到目前爲止，還沒有一致的模式浮現。

針對創傷後壓力症的遺傳學研究相當稀少。現有的研究認爲只有中等的遺傳性（大約在百分之三十至百分之三十五）。有趣的是，在創傷後壓力症的遺傳敏感性與觸發疾病的某些創傷形態之間，似乎有某些重疊。這可能是個人性格所造成的結果。史丹與同僚們曾經推測：

一個人受遺傳影響的神經質傾向，會導致這個人經歷更多憤怒與惱怒不安，讓這個人（一）更有可能涉入爭鬥（因此增加經歷攻擊性創傷的風險），以及（二）更有可能因為經歷這種創傷，而變得高度情緒激動（因此增加創傷後壓力症症狀的風險）。

所以在某些例子裡，人格可能會部分影響到一個人經歷創傷後出現創傷後壓力症的可能性。不過我們不該太過重視這一點：大多數創傷事件發生得突如其來，跟個人性格無關。

第十一章 治療

大約有三分之一的成年人表示有跟焦慮相關的困擾，其中有將近五分之一嚴重到足以符合臨床疾病標準。而且就像前面第一章裡，荷莉·高萊特莉說的那樣，焦慮可能感覺很恐怖。所以，焦慮可能會是個大問題。那麼我們尋找解答的進展如何？

事實上，光是確立哪種治療有效，就是一項極其複雜而且勞力密集的工作了。臨床研究的「黃金準則」無疑就是所謂的隨機對照試驗。試驗至少分成兩組，參與者會被隨機分到其中一組。第一組會接受一種特定的治療，第二組則是接受非治療（例如服用安慰劑）或替代治療的「對照組」。（有時候試驗會評估兩個或更多療法，以作爲對照。）隨機分配參與者，意味著每個小組的組成都應該是相似的，而追蹤各組的結果就能看出治療的幫助是否勝過自然痊癒。

不過，就連隨機對照試驗，也不像表面上看起來那麼簡單。這就是爲什麼學界鼓勵醫學研究者要遵循臨床試驗報告標準（Consolidated Standards of Reporting Trials, CONSORT）指南來進行試驗。經過七年的協商，最新的臨床試驗報告標準聲明於二〇一〇年發布，並且有主流醫學期刊（大多數科學家都希望在這些期刊上發表研究成果）的背書。

臨床試驗報告標準敦促研究者在設計與報告試驗時，要考慮以下因素，包括：所選患者的性質（例如他們的問題有多嚴重、問題持續多久、是否有其他的問題）；用來隨機分配病人到治療小組裡的技術（有好幾種選擇）；對照療法的性質；試驗療法的組成方式與品質；要衡量哪些形態的結果；研究的評估者與病人是否不知道自己被分配到哪種療法；如何處理中途退出試驗的人；治療結束以後要追蹤多久；恰當的統計分析——如此等等。

不幸的是，不是所有臨床試驗都遵循臨床試驗報告標準指南——畢竟這份指南在一九九六年以前還不存在。而且就算是最好的試驗，也只能告訴我們某個特定團體在一段特定時間裡，特定治療的持續時間或劑量。這意味著這些知識存在不確定性與缺口。因此，臨床醫師常常爭論這個問題：什麼做法對誰有效？

什麼做法有效？

所以，確立特定療法的有效性是很棘手的事情。然而在焦慮症的例子裡，我們確實有個共識。

心理治療是療法的首選——主要是認知行爲療法及其變化型。（我們在討論特定疾患的章節裡，強調過認知行爲療法的理論基礎。）當我們相信一個情境具有威脅性的時候，就會產生焦慮。認知行爲療法的核心目標是測試這些信念的精確度。要達到這一點，就要謹慎地讓人暴露於他們害怕的情境與感受之中，讓他們可以從這個經驗中學習。在測試以受到控制、循序漸進且針對個人量身打造的方式進行時，當事人發現他們實際上比自己想像的安全得多，焦慮就減少了。

不過我們也會用藥物對付焦慮。長期治療時，選擇性血清素再吸收抑制劑抗憂鬱劑（像是帕羅西汀〔paroxetine〕）是首選。不過就短期來說，醫師可能開立特定的抗焦慮劑（anxiolytic）來幫助病患應付某個危機。最常用的抗焦慮劑是苯二氮平類（benzodiazepines）：這些藥劑通常作用非常迅速又有效，但可能導致抗藥性（你的身體變得習慣藥物作用，因此需要增加劑量）與成癮——因此建議只做短期使用。

跟藥物相比，認知行爲療法的療效有時候更好，通常也更持久。此外，藥物有時候會產生副作用——而放棄藥物治療可能很棘手。這就是爲什麼英國國家臨床醫學卓越研究院[1]推薦認知行爲療法作爲每一種焦慮症的第一線療法，選擇性血清素再吸收抑制劑則是第二選擇。（我們會在下面更詳細地檢視各種治療選項。）

有趣的是，結合心理治療與藥物似乎並沒有帶來任何額外益處。事實上，在某些例子裡（例如恐慌症），藥物可能眞的會干擾心理治療。原因是，爲了學到你可以在受到控制的環境中應付你的焦慮，你必須眞正感覺到你的恐懼——當然，這正是抗焦慮藥物要防止的事。

然而，有一項有趣的發展，就是用藥物加強心理治療的效果。現在還處於早期階段，不過像是D－環絲胺酸（D-cycloserine，加速學習的藥物）這樣的「認知增強劑」，已經獲得很有希望的成果。當人們在測試他們充滿恐懼的念頭有多少精確度的時候，D－環絲胺酸看來加速了這個歷程。

患者接受的是哪些療法？

如同我們所看到的，英國的官方指南倡導用認知行爲療法來治療焦慮症。但有多少焦慮症患者實際上接受了認知行爲療法或任何其他形式的治療呢？

要是你檢視二〇〇七年由英國國民健保署進行的調查所取得的資料，似乎

1 譯註：本機構於二〇〇五年改制爲英國國家健康暨臨床醫學卓越研究院（National Institute for Health and Clinical Excellence）、二〇一三年再改制爲英國國家健康暨社會照顧卓越研究院（National Institute for Health and Care Excellence），簡稱皆爲NICE。

免不了會得到這個結論：遠遠不夠。以下是完全沒接受治療的人數百分比：

- 廣泛性焦慮症：百分之六十六
- 恐懼症：百分之四十三
- 強迫症：百分之六十九
- 恐慌症：百分之七十五
- 焦慮與憂鬱混合發作：百分之八十五

以下是焦慮症患者只接受藥物治療的百分比：

- 廣泛性焦慮症：百分之十八
- 恐懼症：百分之二十三
- 強迫症：百分之十二
- 恐慌症：百分之八

・焦慮與憂鬱混合發作：百分之十一

接下來是焦慮症患者接受某種形式的諮商或治療（無論是配合藥物或者單獨進行治療）的百分比，粗體字表示以認知行爲療法治療：

・廣泛性焦慮症：百分之十五；**百分之三**
・恐懼症：百分之三十四；**百分之十一**
・強迫症：百分之十八；**百分之四**
・恐慌症：百分之十七；**百分之四**
・焦慮與憂鬱混合發作：百分之五；**百分之一**

認知行爲療法很少使用的原因之一，是缺乏受過訓練的治療師。英國政府嘗試透過「心理治療普及化計畫」來糾正這種情況，這個計畫在二〇〇七年啟動，目標是訓練三千六百位新治療師。

藥物

治療焦慮的藥物主要有三種：選擇性血清素再吸收抑制劑、苯二氮平類，還有Beta受體阻斷劑（beta-blockers）。

選擇性血清素再吸收抑制劑

發現選擇性血清素再吸收抑制劑（selective serotonin reuptake inhibitors, SSRI）被用來治療焦慮，你可能會很訝異。畢竟一般大衆把選擇性血清素再吸收抑制劑視爲抗憂鬱劑。這類藥物在一九八〇年代晚期出現的時候，確實是作爲抗憂鬱劑來銷售的。不過它們抑制焦慮感的能力已經讓它們成爲治療這些疾患的首選藥劑。的確，某些專家主張，用這些藥物來治療焦慮比治療憂鬱更有效。

常被用來治療焦慮問題的選擇性血清素再吸收抑制劑包括帕羅西汀（paroxetine）、文拉法辛（venlafaxine）以及舍曲林（sertraline）。不像其他藥物，這些藥物通常要花幾個星期才會顯示出療效。然而，一旦選擇性血清素再吸收抑制劑生效，就可以降低我們的受威脅感，反而激發出一種平靜滿足的感受。它們如何做到這一點仍屬未知。選擇性血清素再吸收抑制劑增加了大腦中的血清素，不過這對焦慮來說意味著什麼，我們還不完全了解。如同精神病學家希利所寫過的：「我們對於藥物在大腦中的去向知道得很多，對於它們如何發揮作用卻知道得很少。」

苯二氮平類

就像許多其他藥物，苯二氮平類的成功有許多是靠運氣。一位名叫司登巴赫的科學家在一九五五年合成出氯二氮平（chlordiazepoxide），當時他爲製藥巨頭羅氏大藥廠工作，但他看不出有什麼理由要繼續研究它。

氯二氮平在司登巴赫的實驗室一角放了兩年，直到他的一位同事瑞德再度檢視這種藥物。檢視結果讓瑞德大爲震驚，而公司很快就看出這種藥的潛力。氯二氮平重新被命名爲利眠寧（Librium），在一九六〇年被引進市場，幾年後地西泮（diazepam，商品名爲煩寧〔Valium〕）接著上市。

苯二氮平類看來對焦慮症提供了一種安全、作用快速的治療方式，而且令人驚訝地大受歡迎。大眾的反應這麼熱切，或許並不讓人意外：苯二氮平類製造出一種很類似酒精產生的放鬆感。它們之所以能做到這一點，是因爲它們強化了一種名爲γ-胺基丁酸的神經化學物質的作用，這種物質可以讓我們在焦慮的時候放鬆。

然而大家漸漸意識到，在苯二氮平類的世界裡，並不是事事都像表面上這麼美好。令人不快的副作用很常見，停藥則可能導致難以忍受的戒斷症狀。事實上，科學與大眾輿論的風向明確地發生了轉變，以至於羅氏大藥廠不再以煩寧這個品牌名稱推出藥物。

苯二氮平類（也稱爲「輕鎮靜劑」〔minor tranquillizer〕）仍然廣泛地用來治療某些焦慮問題，雖然只建議做短期使用：通常是二到四週。常用的變化型包括氯二氮平（利眠寧）與地西泮（先前的煩寧）、蘿拉西泮（lorazepam，商品名安定文〔Ativan〕）、溴西泮（bromazepam，商品名立舒定〔Lexotan〕）、阿普唑侖（alprazolam，商品名贊安諾〔Xanax〕），還有氯氮平酸鹽（clorazepate，商品名創欣寧（Tranxene）。

Beta受體阻斷劑

二〇〇八年北京奧運，北韓競賽選手金鐘秀被驗出禁藥後，變成史上首位遭奧運會開除資格的手槍射擊運動員。被驗出的禁藥是普萘洛爾（propranolol），一種Beta受體阻斷劑，這讓金鐘秀失去了他的銀牌與銅牌。

一位手槍射擊選手爲何會受到誘惑去服用Beta受體阻斷劑，並不算是什麼神祕的謎團。這些藥物——其中的普萘洛爾最先是在一九五〇年代晚期被開發出來——能快速阻擋許多焦慮的生理症狀，像是心率加快、出汗與顫抖。

Beta受體阻斷劑主要用於治療心血管問題，像是高血壓或心絞痛。不過一般認爲管弦樂音樂家與其他表演者廣泛利用這種藥物來控制緊張反應。雖然Beta受體阻斷劑可能對特定的短期情境有幫助，卻不建議用來長期治療焦慮症。

認知行爲療法

認知行爲療法是由美國精神病學家貝克所發展出來的，起初是作爲憂鬱症的治療方式。如同心理學家巴特勒所寫，認知行爲療法「的基礎在於認識到思維與感受是密切相關的。如果你認為某件事會出錯，你就會覺得焦慮；如果你認為一切都會進行得很好，你就會覺得比較有信心」。所以認知行爲療法的治療師會跟他們的當事人合作，指認並評估負面的思緒，還有通常因此導致的無益行爲。

認知行爲療法並不是一套規定狹隘的治療程序。確切來說如何把它應用在焦慮（或任何其他問題）上，取決於疾病的本質與接受治療的人。治療的基礎在於建立詳細的模型，顯示疾病是如何導致、如何持續，最後被克服。隨著被發現的事情越多，模型經過更新，治療方法也會隨之進展。

（順帶一提，常用認知行爲療法治療的疾病之一是「疑病症」，這是指一個人對於罹患嚴重疾病的恐懼。疑病症常常被指稱爲「健康焦慮」。然而，精神病學分類系統並沒有把它歸類爲焦慮症，雖然許多專家認爲這樣歸類比較合乎邏輯。）

針對焦慮症的認知行爲療法的核心概念是，恐懼是詮釋的產物。我們心懷恐懼，不是因爲某種可怕的事情正在發生，而是因爲我們相信這件事將來會發生。爲了克服你的焦慮，你必須透過體驗你所恐懼的情境，來測試你的詮釋。而你這麼做的時候，絕對不能採用任何你平常會用來應付恐懼的安全行爲。如果你能做到這一點，就會發現你的恐懼是多餘的。

舉例來說，一個恐懼汙染的強迫症患者，會被鼓勵去找出骯髒的環境，並且在事後克制自己反覆清洗的衝動，那是他們平常會有的行爲。一個有恐慌症的人可能被要求去造訪一個他們平常會避開的地方，就算會感到恐慌也要繼續留在那裡。如果他們可以撐過恐慌，而不是抗拒它，就會發現他們所恐懼的事情——或許是心臟病發，或者昏倒——並沒有發生。而一個有社交恐懼症的人可能會被要求看他們自己處於社交情境中的影片，一次是在他們使用安全行爲的時候（比方避免眼神接觸，或者小心翼翼地排練自己要說的每句話），一次則是在沒做這些安全行爲的時候。接著他們就會發現自己的安全行爲其實沒幫上忙。他們可能也會發現，自己的表現比想像中好很多。以下我們稍微更深入地描述處理兩種問題的認知行爲療法。

恐懼症認知行為療法

認知行爲療法用來處理各式各樣的恐懼症，結果非常成功。有著名的例子是斯德哥爾摩大學心理學教授歐斯特發展出來的療程，用來治療有蜘蛛恐懼症的人。這套療程極其簡短，只需做一小時評估，然後進行三小時的暴露治療。

在這三小時裡，歐斯特引導當事人完成一連串要求越來越高的任務。如同認知行爲療法暴露治療中的正常做法，歐斯特爲當事人建立必要行爲的模型。讓當事人在嘗試進行任務前，先了解整個療程的具體內容，這有助於鼓勵他們、讓他們放鬆。

首先，當事人被教導在一個玻璃碗裡捕捉一隻小蜘蛛；然後去摸蜘蛛；最後是讓蜘蛛在他們手上走路。在第二個任務以前，當事人會被問到他們預期會發生什麼事。歐斯特指出：「我們的病人幾乎百分之百都說，蜘蛛會爬到他們手上，沿著手臂往上爬，然後爬到衣服底下。」可是他們很快會發現自己的詮釋有誤：事實上，蜘蛛撒腿就逃。

一旦當事人完成了這三項任務，他們就會用一系列越來越大隻的蜘蛛來重複這些任務。療程結束時，當事人會讓兩隻最大的蜘蛛在他們的手上走動——考慮到他們幾小時前他們對蜘蛛的感覺，這是個相當驚人的成就。

歐斯特發展出一種類似的療法，用來治療有血液－注射－受傷恐懼症的人。在這個例子裡，患者會看到一系列傷口、手術之類的圖像，畫面越來越血腥。不過這些恐懼症跟其他類型的恐懼不一樣：患者面對恐懼的對象或情境的時候，血壓不會升高，反而會下降。所以，爲了防止患者看見血就暈倒，歐斯特教導他們監測血壓下降的最初跡象，並且透過反覆繃緊肌肉來回應。這種「應用張力」會升高患者的血壓，讓他們可以繼續進行暴露任務。

創傷後壓力症認知行為療法

最先進的創傷後壓力症認知行爲療法，通常有三個目標：

- 透過處理患者對事件不完整而混亂的記憶，來幫助他們停止重新經歷創傷。
- 幫助患者改變對於創傷以及創傷對他們的個人意義所抱持的負面觀點。
- 幫助患者不再避開創傷的記憶提示，或者用酒精或藥物來麻痺自己的感受。

正常來說，治療包括十到十二週、每次九十分鐘的療程，隨後是三次每個月一次的「強化」療程。這需要患者投入相當多的時間（還有情感）。不過有個著名的認知行爲療法發展者團隊，成員包括葛雷、麥可曼納斯、哈克曼、克拉克與埃勒，他們率先發展了一個針對創傷後壓力症的密集治療療程，把治療時間濃縮在一週內。讓我們來看看一個來自他們的例子。

馬克，一位三十一歲的專業人士，在九個月前發生摩托車事故後，苦於夢魘、閃回、憤怒與憂鬱。他覺得非常沮喪、低落，以致於每天都在考慮自殺。

在這週的前半段，馬克被鼓勵在他的想像中「重新經歷」那場事故。讓他最難受的記憶，是他被一輛車撞擊後滑下路面；有輛巴士逐漸逼近，他覺得會被那輛巴士輾過；還有事故發生後躺在馬路上的情景。伴隨著這些記憶的是某些非常負面的念頭。舉例來說，他相信他的人生「全是屁話」，而他獨自躺在地面上的影像體現了他的孤單。

隨著一次次治療的進展，馬克得到幫助，既塡補了他創傷記憶中的空白，也挑戰了他的負面思維。舉例來說，他記得有好幾個路人很幫忙又體貼，而他獨自躺在馬路上的時間比他先前以爲的要短得多。透過跟治療師的討論，馬克開始看出他的人生遠非他有時感覺到的那樣灰暗，而且他並不孤單。

馬克被鼓勵再度造訪事故現場——這是他一直避免的事。他又開始騎他的摩托車了。而且破天荒第一次，他能夠跟女友討論他的經驗了。

治療後一週，馬克的症狀大幅改善。而且這個改善是持久的：十八個月後，馬克仍然很好，並享受著他的人生。

虛擬實境認知行為療法

認知行爲療法內的暴露元素是有效的，不過它也有自己的缺陷。比如說，有人懷疑某些人極其不願意體驗他們恐懼的情境，以致不尋求治療。那要怎麼做才能輕鬆地爲一個怕飛的人創造出暴露情境呢？

一個解決方案是虛擬實境（VR）認知行爲療法。這需要患者戴上特殊設計的頭罩，沉浸在電腦產生的情境裡，內容是他們恐懼的任何東西，完整地包含聲音，有時候甚至還有味道。虛擬實境被用來治療恐慌症、社交恐懼症，還有對飛行、蜘蛛與高處的恐懼，跟一般的「實境」暴露療法（'in vivo' exposure therapy）具有相同的功效。虛擬實境認知行爲療法現在正在接受測試，可能會用來治療在伊拉克與阿富汗服役後罹患創傷後壓力症的美國退伍軍人。

自助認知行為療法

在任何頗具規模的書店裡環顧一圈，你會發現，自助書生意興隆。不過「自助」——特別是以認知行爲療法爲基礎的素材——真的有幫助嗎？

在我們回答問題以前，要先指出的是，如今的自助產品有好幾種不同變化型。有傳統的書籍——提供所謂的「讀書治療法」（bibliotherapy）、CD-ROM、錄音帶，還有以網路爲基礎的資源。

毋庸置疑的是，需求確實存在：許多自助書已經成爲暢銷書，美國國家心理衛生研究院的網站每個月有七百萬次的點擊率。對許多人來說，在應付他們的心理問題時，比起尋求醫療專業人士建議，自助是他們更容易接受的方法。而那些醫療專業人士也經常推薦他們的病人查詢自助資訊，以此作爲治療的一部分。

這就把我們帶回了關鍵問題：以認知行爲療法爲基礎的自助方式有效嗎？證據指出，至少在某種程度上，它可以奏效。不過如果有治療師親自提供意見，往往會更有效。

生活方式

如果你擔心自己的焦慮程度，對你的生活方式做些改變，可能會在一段時間之後改善你的心情。

在這方面經過良好控制的研究並不多，不過有證據認爲，透過下列方法可以減輕焦慮：

- 有氧運動；
- 健康飲食；
- 放鬆訓練（學習逐步放鬆肌肉）；
- 按摩；
- 瑜伽；
- 正念（綜合了現代西方心理學思維與古老佛教信仰和修行，特別是冥想／靜坐，這個方法強調學習活在當下，並理解你的思緒與感受都是暫時的，轉眼即逝，並不必然是現實的再現）。

這份清單上的前兩項能夠造就出多大的差別，有個很生動的例子是來自一則為期兩年的研究，對象是超過一萬名在英國某些最貧困的地區生活的人。大幅增加運動量或者水果與蔬菜的攝取量，可使人們的心理健康獲得顯著改善。尤其是，參與者表示他們覺得平靜快樂許多。

焦慮可能導致許多人的重大困擾。不過如同我們已經看到的，現在有許多方法可以處理造成問題的焦慮。有些方法已經被認可好幾個世紀了，有些方法是偶然被發現的，還有一些最有希望的方法則是奠基於我們在本書裡描述過的，針對焦慮起因的研究。

py for Anxiety Disorders: A Meta-Analysis. *Journal of Anxiety Disorders*, 22: 561–569.

Salmon, P. (2001). Effects of Physical Exercise on Anxiety, Depression, and Sensitivity to Stress: A Unifying Theory. *Clinical Psychology Review*, 21: 33–61.

Schulz, K.F., Altman, D.G., and Moher, D. (2010). CONSORT 2010 Statement: Updated Guidelines for Reporting Parallel Group Randomized Trials. *Annals of Internal Medicine*, 152: 1–8.

Walker, J.R., Vincent, N., and Furer, P. (2009). Self-Help Treatments for Anxiety Disorders. In M.M. Antony and M.B. Stein (eds.), *Oxford Handbook of Anxiety and Related Disorders*. (Oxford and New York: Oxford University Press).

Weiss, D. S., and Marmar, C. R. (1997). The Impact of Event Scale- Revised. In J. Wilson & T. M. Keane (eds.), *Assessing Psychological Trauma and PTSD*. (New York: Guilford).

Kirkwood, G., Rampes, H., Tuffrey, V., Richardson, J., and Pilkington, K. (2005). Yoga for Anxiety: A Systematic Review of the Research. *British Journal of Sports Medicine*, 39: 884–891.

Manzoni, G.M., Pagnini, F., Castelnuovo, G., and Molinari, E. (2008). Relaxation Training for Anxiety: A Ten-Years Systematic Review with Meta-Analysis. *BMC Psychiatry*, 8: 41.

McManus, S., Meltzer, H., Brugha, T., Bebbington, P., and Jenkins, R. (2009). *Adult Psychiatric Morbidity in England, 2007*. (Leeds: NHS Information Centre).

Moyer, C.A., Rounds, J., and Hannum, J.W. (2004). A Meta-Analysis of Massage Therapy Research. *Psychological Bulletin*, 130: 3–18.

National Institute for Health and Clinical Excellence (2005). *Post-Traumatic Stress Disorder* (London: NICE).

National Institute for Health and Clinical Excellence (2005). *Obsessive-Compulsive Disorder* (London: NICE).

National Institute for Health and Clinical Excellence (2007). *Anxiety*, Amended (London: NICE).

NHS Primary Care Guidelines (2004). *Phobic Disorders* (World Health Organization).

Öst, L.G. (1997). Rapid Treatment of Specific Phobias. In G.C.L. Davey (ed.), *Phobias: A Handbook of Theory, Research and Treatment*. (Chichester: Wiley).

Otto, M.W., Behar, E., Smits, J.A.J., and Hofmann, S.G. (2009). Combining Pharmacological and Cognitive Behavioral Therapy in the Treatment of Anxiety Disorders. In M.M. Antony and M.B. Stein (eds.), *Oxford Handbook of Anxiety and Related Disorders*. (Oxford and New York: Oxford University Press).

Powers, M.B. and Emmelkamp, P.M.G. (2008). Virtual Reality Exposure Thera-

Reyes, G., Elhai, J.D., and Ford, J.D. (eds.) (2008). *The Encyclopedia of Psychological Trauma.* (Hoboken, NJ: John Wiley).

Stein, M.B., Jang, K.L., Taylor, S., Vernon, P.A., and Livesley, W.J. (2002). Genetic and Environmental Influences on Trauma Exposure and Posttraumatic Stress Disorder Symptoms: A Twin Study. *American Journal of Psychiatry*, 159: 1675–1681.

Wang, Z., Neylan, T.C., Mueller, S.G., Lenoci, M., Truran, D., Marmar, C.R., Weiner, M.W., and Schuff, N. (2010). Magnetic Resonance Imaging of Hippocampal Subfields in Posttraumatic Stress Disorder. *Archives of General Psychiatry*, 67: 296–303.

Whalley, M.G. and Brewin, C.R. (2007). Mental Health Following Terrorist Attacks. *British Journal of Psychiatry*, 190: 94–96.

第十一章——治療

Blank, L., Grimsley, M., Goyder, E., Ellis, E., and Peters, J. (2007). Community-Based Lifestyle Interventions: Changing Behaviour and Improving Health. *Journal of Public Health*, 29: 236–245.

Gelder, M., Harrison, P., and Cowen, P. (2006). *Shorter Oxford Textbook of Psychiatry.* (Oxford: Oxford University Press).

Gerrardi, M., Rothbaum, B.O., Ressler, K., Heekin, M., and Rizzo, A. (2008). Virtual Reality Exposure Therapy Using a Virtual Iraq: Case Report. *Journal of Traumatic Stress*, 21: 209–213.

Grey, N. (ed.) (2009). *A Casebook of Cognitive Therapy for Traumatic Stress Reactions.* (Hove: Routledge).

Grossman, P., Niemann, L., Schmidt, S., and Walach, H. (2004). Mindfulness-Based Stress Reduction and Health Benefits: A Meta-Analysis. *Journal of Psychosomatic Research*, 57: 35–43.

Healy, D. (2009). *Psychiatric Drugs Explained*, 5th edn. (Oxford: Elsevier).

nal Study of Responses to the Terrorist Attacks of September 11. In Y. Neria, R. Gross, R. Marshall, and E. Susser (eds.), *9/11: Mental Health in the Wake of Terrorist Attacks.* (Cambridge: Cambridge University Press).

Cox, B.J., Mota, N., Clara, I., and Asmundson, G.J.G. (2008). The Symptom Structure of Posttraumatic Stress Disorder in the National Comorbidity Replication Survey. *Journal of Anxiety Disorders*, 22: 1523–1528.

DeLisi, L.E. (2005). The New York Experience: Terrorist Attacks on September 11, 2001. In J.J. López-Ibor, G. Christodoulou, M. Maj, N. Sartorius, and A. Okasha (eds.), *Disasters and Mental Health.* (Chichester: John Wiley).

Ehlers, A. and Clark, D.M. (2000). A Cognitive Model of Posttraumatic Stress Disorder. *Behaviour Research and Therapy*, 38: 319–345.

Ehring, T., Ehlers, A., and Glucksman, E. (2008). Do Cognitive Models Help in Predicting the Severity of Posttraumatic Stress Disorder, Phobia, and Depression after Motor Vehicle Accidents? A Prospective Longitudinal Study. *Journal of Consulting and Clinical Psychology*, 76: 219–230.

de Jong, J.T.V.M., Komproe, I.H., van Ommeren, M., El Masri, M., Araya, M., Khaled, N., van de Put, W., and Somasundaram, D. (2001). Lifetime Events and Posttraumatic Stress Disorder in 4 Postconflict Settings. *Journal of the American Medical Association*, 286: 555–562.

Kessler, R.C., Sonnega, A., Bromet, E., Hughes, M., and Nelson, C.B. (1995). Posttraumatic Stress Disorder in the National Comorbidity Survey. *Archives of General Psychiatry*, 52: 1048–1060.

Mol, S.S.L., Arntz, A., Metsemakers, J.F.M., Dinant, G.J., Vilters-Van Montfort, P.A.P., and Knottnerus, J.A. (2005). Symptoms of Post-Traumatic Stress Disorder After Non-Traumatic Events: Evidence from an Open Population Study. *British Journal of Psychiatry*, 186: 494–499.

Rachman, S. (2004). *Anxiety*, 2nd edn. (Hove and New York: Psychology Press).

van den Hout, M.A., Engelhard, I.M., de Boer, C., du Bois, A., and Dek, E. (2008). Perseverative and Compulsive-like Staring Causes Uncertainty About Perception. *Behaviour Research and Therapy*, 46: 1300–1304.

van den Hout, M.A. and Kindt, M. (2003). Repeated Checking Causes Memory Distrust. *Behaviour Research and Therapy*, 41: 301–316.

van Grootheest, D.S., Boomsma, D.I., Hettema, J.M., and Kendler, K.S. (2007). Heritability of Obsessive-Compulsive Symptom Dimensions. *American Journal of Medical Genetics*, 147B: 473–478.

第十章——創傷後壓力症

Afifi, T.O., Asmundson, G.J.G., Taylor, S., and Jang, K.L. (2010). The Role of Genes and Environment on Trauma Exposure and Posttraumatic Stress Disorder Symptoms: A Review of Twin Studies. *Clinical Psychology Review*, 30: 101–112.

American Psychiatric Association. (2000). *Diagnostic and Statistical Manual of Mental Disorders*, 4th edn., Text Revision. (Arlington, VA: American Psychiatric Association).

Asmundson, J.G.J., Stapleton, J.A., and Taylor, S. (2004). Are Avoidance and Numbing Distinct PTSD Symptom Clusters? *Journal of Traumatic Stress*, 17: 467–475.

Barlow, D.H. (2002). *Anxiety and its Disorders*, 2nd edn. (New York: Guilford Press).

Berrios, G. and Porter, R. (eds.) (1995). *A History of Clinical Psychiatry: The Origin and History of Psychiatric Disorders*. (London: Athlone Press).

Brewin, C.R., Dalgleish, T., and Joseph, S. (1996). A Dual Representation Theory of Posttraumatic Stress Disorder. *Psychological Review*, 103: 670–686.

Cohen Silver, R., Holman, E.A., McIntosh, D.N., Poulin, M., Gil-Rivas, V., and Pizarro, J. (2006). Coping with a National Trauma: A Nationwide Longitudi-

tory Obsessive-Compulsive Disorder. *American Journal of Psychiatry*, 159: 269–275.

Klinger, E. (1978). Modes of Normal Conscious Flow. In K.S. Pope and J.L. Singer (eds.), *The Stream of Consciousness*. (New York: Plenum Press).

Klinger, E. (1996). The Contents of Thoughts: Interference as the Downside of Adaptive Normal Mechanisms in Thought Flow. In I.G. Sarason, G.R. Pierce, and B.R. Sarason (eds.), *Cognitive Interference: Theories, Methods, and Findings*. (Mahwah, NJ: Lawrence Erlbaum Associates).

Mataix-Cols, D., Wooderson, S., Lawrence, N., Brammer, M.J., Speckens, A., and Phillips, M.L. (2004). Distinct Neural Correlates of Washing, Checking, and Hoarding Symptom Dimensions in Obsessive-Compulsive Disorder. *Archives of General Psychiatry*, 61: 564–576.

Miller, C.H. and Hedges, D.W. (2008). Scrupulosity Disorder: An Overview and Introductory Analysis. *Journal of Anxiety Disorders*, 22: 1042–1058.

Plomin, R., DeFries, J.C., McClearn, G.E., and McGuffin, P. (2008). *Behavioral Genetics*, 5th edn. (New York: Worth).

Rachman, S. (2004). *Anxiety*, 2nd edn. (Hove and New York: Psychology Press).

Rachman, S. and de Silva, P. (1978). Abnormal and Normal Obsessions. *Behaviour Research and Therapy*, 16: 233–248.

Ruscio, A.M., Stein, D.J., Chiu, W.T., and Kessler, R.C. (2010). The Epidemiology of Obsessive-Compulsive Disorder in the National Comorbidity Replication Survey. *Molecular Psychiatry*, 15: 53–63.

Salkovskis, P.M. (1999). Understanding and Treating Obsessive- Compulsive Disorder. *Behaviour Research and Therapy*, 37: S29–S52.

Tolin, D.F., Abramowitz, J.S., Przeworski, A., and Foa, E.B. (2002). Thought Suppression in Obsessive-Compulsive Disorder. *Behaviour Research and Therapy*, 40: 1255–1274.

(Chichester: Wiley).

Vasey, M.W. and Borkovec, T.D. (1992). A Catastrophizing Assessment of Worrisome Thoughts. *Cognitive Therapy and Research*, 16: 505–520.

第九章——強迫症

Abramowitz, J.S., Wheaton, M.G., and Storch, E.A. (2008). The Status of Hoarding as a Symptom of Obsessive-Compulsive Disorder. *Behaviour Research and Therapy*, 46: 1026–1033.

Abramowitz, J.S., Taylor, S., and McKay, D. (2009). Obsessive-Compulsive Disorder. *Lancet*, 374: 491–499.

American Psychiatric Association. (2000). *Diagnostic and Statistical Manual of Mental Disorders*, 4th edn., Text Revision. (Arlington, VA: American Psychiatric Association).

Barlow, D.H. (2002). *Anxiety and its Disorders*, 2nd edn. (New York: Guilford Press).

Berrios, G. and Porter, R. (eds.) (1995). *A History of Clinical Psychiatry: The Origin and History of Psychiatric Disorders*. (London: Athlone Press).

Briggs, E.S. and Price, I.R. (2009). The Relationship between Adverse Childhood Experience and Obsessive-Compulsive Symptoms and Beliefs: The Role of Anxiety, Depression, and Experiential Avoidance. *Journal of Anxiety Disorders*, 23: 1037–1046.

Cath, D.C., van Grootheest, D.S., Willemsen, G., van Oppen, P., and Boomsma, D.I. (2008). Environmental Factors in Obsessive- Compulsive Behavior: Evidence from Discordant and Concordant Monozygotic Twins. *Behavior Genetics*, 38: 108–120.

Dougherty, D.D., Baer, L., Cosgrove, G.R., Cassem, E.H., Price, B.H., Nierenberg, A. A., Jenike, M. A., and Rauch, S. L. (2002). Prospective Long-Term Follow-Up of 44 Patients who Received Cingulotomy for Treatment-Refrac-

ders: Theory, Assessment and Treatment. (Chichester: John Wiley).

Kendler, K.S., Gardner, C.O., Gatz, M., and Pedersen, N.L. (2007). The Sources of Co-morbidity Between Major Depression and Generalized Anxiety Disorder in a Swedish National Twin Sample. *Psychological Medicine*, 37: 453–462.

Meyer, T.J., Miller, M.L., Metzger, R.L., and Borkovec, T.D. (1990). Development and Validation of the Penn State Worry Questionnaire. *Behaviour Research and Therapy*, 28: 487-495.

Moffitt, T.E., Caspi, A., Harrington, H., Milne, B.J., Melchior, M., Goldberg, D., and Poulton, R. (2007). Generalized Anxiety Disorder and Depression: Childhood Risk Factors in a Birth Cohort Followed to Age 32. *Psychological Medicine*, 37: 441–452.

Muris, P., Meesters, C., Merckelbach, H., Hülsenbeck, P. (2000). Worry in Children is Related to Perceived Parental Rearing and Attachment. *Behaviour Research and Therapy*, 38: 487-497.

Paulesu, E., Sambugaro, E., Torti, T., Danelli, L., Ferri, F., Scialfa, G., Sberna, M., Ruggiero, G.M., Bottini, G., and Sassaroli, S. (2010). Neural Correlates of Worry in Generalized Anxiety Disorder and in Normal Controls: A Functional MRI Study. *Psychological Medicine*, 40: 117–124.

Peasley-Miklus, D. and Vrana, S.R. (2000). Effect of Worrisome and Relaxing Thinking on Fearful Emotional Processing. *Behaviour Research and Therapy*, 38: 129–144.

Plomin, R., DeFries, J.C., McClearn, G.E., and McGuffin, P. (2008). *Behavioral Genetics*, 5th edn. (New York: Worth).

Rachman, S. (2004). *Anxiety*, 2nd edn. (Hove and New York: Psychology Press).

Tallis, F., Davey, G. and Capuzzo, N. (1994). The Phenomenology of Non-Pathological Worry: A Preliminary Investigation. In G. Davey and F. Tallis (eds.) *Worrying: Perspectives on Theory, Assessment and Treatment*.

Genetics, 5th edn. (New York: Worth).
Rachman, S. (2004). *Anxiety*, 2nd edn. (Hove and New York: Psychology Press).
Rapee, R., Mattick, R., and Murrell, E. (1986). Cognitive Mediation in the Affective Component of Spontaneous Panic Attacks. *Journal of Behavior Therapy and Experimental Psychiatry*, 17: 245–253.
Salkovskis, P.M., Clark, D.M., Hackmann, A., Wells, A., and Gelder, M.G. (1999). An Experimental Investigation of the Role of Safety-seeking Behaviours in the Maintenance of Panic Disorder with Agoraphobia. *Behaviour Research and Therapy*, 37: 559–574.
Schmidt, N.B., Lerew, D.R., and Jackson, R.J. (1997). The Role of Anxiety Sensitivity in the Pathogenesis of Panic: Prospective Evaluation of Spontaneous Panic Attacks During Acute Stress. *Journal of Abnormal Psychology*, 106: 355–364.
Smoller, J.W., Block, S.R., and Young, M.M. (2009). Genetics of Anxiety Disorders: The Complex Road from DSM to DNA. *Depression and Anxiety*, 26: 965–975.

第八章——廣泛性焦慮症

American Psychiatric Association. (2000). *Diagnostic and Statistical Manual of Mental Disorders*, 4th edn., Text Revision. (Arlington, VA: American Psychiatric Association).
Barlow, D.H. (2002). *Anxiety and its Disorders*, 2nd edn. (New York: Guilford Press).
Borkovec, T.D., Ray, W.J., and Stöber, J. (1998). Worry: A Cognitive Phenomenon Intimately Linked to Affective, Physiological, and Interpersonal Behavioral Processes. *Cognitive Therapy and Research*, 22: 561–576.
Davey, G.C.L. and Wells, A. (eds.) (2006). *Worry and its Psychological Disor-*

Press).
Clark, D.M. and Fairburn, C.G. (eds). *Science and Practice of Cognitive Behaviour Therapy*. (Oxford and New York: Oxford University Press).
Craske, M.G., Lang, A.J., Mystkowski, J.L., Zucker, B.G., Bystritsky, A., and Yan-Go, F. (2002). Does Nocturnal Panic Represent a More Severe Form of Panic Disorder? *Journal of Nervous and Mental Disease*, 190: 611–618.
Ehlers, A. (1993). Somatic Symptoms and Panic Attacks: A Retrospective Study of Learning Experiences. *Behaviour Research and Therapy*, 31: 269–278.
Ehlers, A. and Breuer, P. (1992). Increased Cardiac Awareness in Panic Disorder. *Journal of Abnormal Psychology*, 101: 371–382.
Eley, T.C., Stirling, L., Ehlers, A., Gregory, A.M., and Clark, D.M. (2004). Heart-beat Perception, Panic/Somatic Symptoms and Anxiety Sensitivity in Children. *Behaviour Research and Therapy*, 42: 439–448.
Goodwin, R.D., Fergusson, D.M., and Horwood, L.J. (2005). Childhood Abuse and Familial Violence and the Risk of Panic Attacks and Panic Disorder in Young Adulthood. *Psychological Medicine*, 35: 881–890.
Kessler, R.C., Chiu, W.T., Jin, R., Ruscio, A.M., Shear, K., and Walters, E.E. (2006). The Epidemiology of Panic Attacks, Panic Disorder, and Agoraphobia in the National Comorbidity Survey Replication. *Archives of General Psychiatry*, 63: 415–424.
Klein, D.F. (1993). False Suffocation Alarms, Spontaneous Panics, and Related Conditions: An Integrative Hypothesis. *Archives of General Psychiatry*, 50: 306–317.
Lau, J.Y.F., Gregory, A.M., Goldwin, M.A., Pine, D.S., and Eley, T.C. (2007). Assessing Gene–Environment Interactions on Anxiety Symptom Subtypes Across Childhood and Adolescence. *Development and Psychopathology*, 19: 1129–1146.
Plomin, R., DeFries, J.C., McClearn, G.E., and McGuffin, P. (2008). *Behavioral*

K.R. (2000). Parental Psychopathology, Parenting Styles, and the Risk of Social Phobia in Offspring. *Archives of General Psychiatry*, 57: 859–866.

Maner, J.K., Miller, S.L., Schmidt, N.B., and Eckel, L.A. (2008). Submitting to Defeat: Social Anxiety, Dominance Threat, and Decrements in Testosterone. *Psychological Science*, 19: 764–768.

Mosing, M.A., Gordon, S.D., Medland, S.E., Statham, D.J., Nelson, E.C., Heath, A.C., Martin, N.G., and Wray, N.R. (2009). Genetic and Environmental Influences on the Co-morbidity between Depression, Panic Disorder, Agoraphobia, and Social Phobia: A Twin Study. *Depression and Anxiety*, 26: 1004–1011.

Siqueland, L., Kendall, P.C., and Steinberg, L. (1996). Anxiety in Children: Perceived Family Environments and Observed Family Interaction. *Journal of Clinical Child and Adolescent Psychology*, 25: 225–237.

Stein, D.J. (2009). Social Anxiety Disorder in the West and in the East. *Annals of Clinical Psychiatry*, 21: 109–117.

Wells, A. (1997). *Cognitive Therapy of Anxiety Disorders: A Practice Manual and Conceptual Guide* (Chichester: John Wiley).

Wild, J., Clark, D.M., Ehlers, A., and McManus, F. (2008). Perception of Arousal in Social Anxiety: Effects of False Feedback During a Social Interaction. *Journal of Behavior Therapy and Experimental Psychiatry*, 39: 102–116.

第七章——恐慌症

American Psychiatric Association. (2000). *Diagnostic and Statistical Manual of Mental Disorders*, 4th edn., Text Revision. (Arlington, VA: American Psychiatric Association).

Barloon, T.J. and Noyes, R., Jr. (1997). Charles Darwin and Panic Disorder. *Journal of the American Medical Association*, 277: 138–141.

Barlow, D.H. (2002). *Anxiety and its Disorders*, 2nd edn. (New York: Guilford

Mental Disorders, 4th edn., Text Revision. (Arlington, VA: American Psychiatric Association).

Barlow, D.H. (2002). *Anxiety and its Disorders*, 2nd edn. (New York: Guilford Press).

Blair, K., Geraci, M., Devido, J., McCaffrey, D., Chen, G., Vythilingam, M., Ng, P., Hollon, N., Jones, M., Blair, R.J.R., and Pine, D.S. (2008). Neural Response to Self- and Other Referential Praise and Criticism in Generalized Social Phobia. *Archives of General Psychiatry*, 65: 1176–1184.

Clark, D.M. and Fairburn, C.G. (eds). *Science and Practice of Cognitive Behaviour Therapy* (Oxford and New York: Oxford University Press).

Dannahy, L. and Stopa, L. (2007). Post-event Processing in Social Anxiety. *Behaviour Research and Therapy*, 45: 1207–1219.

Gilbert, P. (2000). The Relationship of Shame, Social Anxiety and Depression: The Role of the Evaluation of Social Rank. *Clinical Psychology and Psychotherapy*, 7: 174–189.

Hackmann, A., Surawy, C., and Clark, D.M. (1998). Seeing Yourself Through Others' Eyes: A Study of Spontaneously Occurring Images in Social Phobia. *Behavioural and Cognitive Psychotherapy*, 26: 3–12.

Hallett, V., Ronald, A., Rijsdijk, F., and Eley, T.C. (2009). Phenotypic and Genetic Differentiation of Anxiety-Related Behaviors in Middle Childhood. *Depression and Anxiety*, 26: 316–324.

Heiser, N.A., Turner, S.M., Beidel, D.C., and Roberson-Nay, R. (2009). Differentiating Social Phobia from Shyness. *Journal of Anxiety Disorders*, 23: 469–476.

Hirsch, C.R., Clark, D.M., Mathews, A., and Williams, R. (2003). Self-images Play a Causal Role in Social Phobia. *Behaviour Research and Therapy*, 41: 909–921.

Lieb, R., Wittchen, H.-U., Höfler, M., Fuetsch, M., Stein, M.B., and Merikangas,

Severity, and Comorbidity of 12-Month DSM-IV Disorders in the National Comorbidity Survey Replication. *Archives of General Psychiatry*, 62: 617–627.

LeDoux, J. (1998). Fear and the Brain: Where Have We Been and Where Are We Going? *Biological Psychiatry*, 44: 1229–1238.

McLean, C.P. and Anderson, E.R. (2009). Brave Men and Timid Women? A Review of the Gender Differences in Fear and Anxiety. *Clinical Psychology Review*, 29: 496–505.

McManus, S., Meltzer, H., Brugha, T., Bebbington, P., and Jenkins, R. (eds.) (2009) *Adult Psychiatric Morbidity in England, 2007: Results of a Household Survey*. (NHS Information Centre for Health and Social Care).

McNally, R.J. (1997). Atypical Phobias. In G.C.L. Davey (ed.), *Phobias: A Handbook of Theory, Research and Treatment* (Chichester: Wiley).

Öhman, A. and Mineka, S. (2001). Fears, Phobias, and Preparedness: Toward an Evolved Module of Fear and Fear Learning. *Psychological Review*, 108: 483–522.

Öst, L.-G. and Hugdahl, K. (1981). Acquisition of Phobias and Anxiety Response Patterns in Clinical Patients. *Behaviour Research and Therapy*, 19: 439–447.

Pierce, K.A. and Kirkpatrick, D.R. (1992). Do Men Lie on Fear Surveys? *Behaviour Research and Therapy*, 30: 415–418.

Plomin, R., DeFries, J.C., McClearn, G.E., and McGuffin, P. (2008). *Behavioral Genetics*, 5th edn. (New York: Worth).

Spitzer, R.L., Gibbon, M., Skodol, A.E., Williams, J.B.W., and First, M.B. (eds.) (2002). *DSM-IV-TR Casebook* (Washington and London: American Psychiatric Association).

第六章——社交恐懼症

American Psychiatric Association. (2000). *Diagnostic and Statistical Manual of*

Mental Disorders, 4th edn., Text Revision. (Arlington, VA: American Psychiatric Association).

Barlow, D.H. (2002). *Anxiety and its Disorders*, 2nd edn. (New York: Guilford Press).

Cook, M. and Mineka, S. (1990). Selective Associations in the Observational Conditioning of Fear in Rhesus Monkeys. *Journal of Experimental Psychology: Animal Behavior Processes*, 16: 372–389.

Curtis, G.C., Magee, W.J., Eaton, W.W., Wittchen, H.-U., and Kessler, R.C. (1998). Specific Fears and Phobias: Epidemiology and Classification. *British Journal of Psychiatry*, 173: 212–217.

Davey, G. (2008). *Psychopathology: Research, Assessment, and Treatment in Clinical Psychology* (Chichester: Wiley-Blackwell).

Doogan, S. and Thomas, G.V. (1992). Origins of Fear of Dogs in Adults and Children: The Role of Conditioning Processes and Prior Familiarity with Dogs. *Behaviour Research and Therapy*, 30: 387–394.

Hettema, J.M., Annas, P., Neale, M.C., Kendler, K.S., and Fredrikson, M. (2003). A Twin Study of the Genetics of Fear Conditioning. *Archives of General Psychiatry*, 60: 702–708.

Jones, M.K. and Menzies, R.G. (2000). Danger Expectancies, Self-Efficacy, and Insight in Spider Phobia. *Behaviour Research and Therapy*, 38: 585–600.

Kendler, K.S., Myers, J., Prescott, C.A., and Neale, M.C. (2001). The Genetic Epidemiology of Irrational Fears and Phobias in Men. *Archives of General Psychiatry*, 58: 257–265.

Kessler, R.C., McGonagle, K.A., Zhao, S., Nelson, C.B., Hughes, M., Eshleman, S., Wittchen, H.-U., and Kendler, K.S. (1994). Lifetime and 12-Month Prevalence of DSM-III-R Psychiatric Disorders in the United States. *Archives of General Psychiatry*, 51: 8–19.

Kessler, R.C., Chiu, W.T., Demler, O., and Walters, E.E. (2005). Prevalence,

Poulton, R., Andrews, G., and Millichamp, J. (2008). Gene- Environment Interaction and the Anxiety Disorders. *European Archives of Psychiatry and Clinical Neuroscience*, 258: 65–68.

Smoller, J.W., Gardner-Schuster, E., and Misiaszek, M. (2008). Genetics of Anxiety. *Depression and Anxiety*, 25: 368–377.

Stein, M.B., Schork, N.J., and Gelernter, J. (2008). Gene-by- Environment (Serotonin Transporter and Childhood Maltreatment) Interaction for Anxiety Sensitivity, an Intermediate Phenotype for Anxiety Disorders. *Neuropsychopharmacology*, 33: 312–319.

Stein, M.B., Walker, J.R., Anderson, G., Hazen, A.L., Ross, C.A., Eldridge, G., and Forde, D.R. (1996). Childhood Physical and Sexual Abuse in Patients with Anxiety Disorders in a Community Sample. *American Journal of Psychiatry*, 153: 275–277.

Warren, S.L., Huston, L., Egeland, B., and Sroufe, L.A. (1997). Child and Adolescent Anxiety Disorders and Early Attachment. *Journal of the American Academy of Child and Adolescent Psychiatry*, 36: 637–644.

第四章——日常焦慮及其因應方式

Smits, J.A.J., Berry, A.C., Rosenfield, D., Powers, M.B., Behar, E., and Otto, M.W. (2008). Reducing Anxiety Sensitivity with Exercise. *Depression and Anxiety*, 25: 689–699.

Spurr, J.M. and Stopa, L. (2002). Self-focused Attention in Social Phobia and Social Anxiety. *Clinical Psychology Review*, 22: 947–975.

Wilson, J. (2008). *Inverting the Pyramid: The History of Football Tactics* (London: Orion).

第五章——恐懼症

American Psychiatric Association. (2000). *Diagnostic and Statistical Manual of*

Eley, T.C., Gregory, A.M., Clark, D.M., and Ehlers, A. (2007). Feeling Anxious: A Twin Study of Panic/Somatic Ratings, Anxiety Sensitivity and Heartbeat Perception in Children. *Journal of Child Psychology and Psychiatry* 48: 1184–1191.

Gerull, F.C. and Rappe, R.M. (2002). Mother Knows Best: Effects of Maternal Modeling on the Acquisition of Fear and Avoidance Behavior in Toddlers. *Behaviour Research and Therapy*, 40: 279–287.

Gelernter, J. and Stein, M.B. (2009). Heritability and Genetics of Anxiety Disorders. In M.M. Antony and M.B. Stein (eds.), *Oxford Handbook of Anxiety and Related Disorders.* (New York: Oxford University Press).

Hudson, J.L. and Rapee, R.M. (2009). Familial and Social Environments in the Etiology and Maintenance of Anxiety Disorders. In M.M. Antony and M.B. Stein (eds.), *Oxford Handbook of Anxiety and Related Disorders.* (New York: Oxford University Press).

Hettema, J.M., An, S.S., Neale, M.C., Bukszar, J., van den Oord, E.J., Kendler, K.S., and Chen, X. (2006). Association Between Glutamic Acid Decarboxylase Genes and Anxiety Disorders, Major Depression, and Neuroticism. *Molecular Psychiatry*, 11: 752–762.

Hettema, J.M., Neale, M.C., and Kendler, K.S. (2001). A Review and Metaanalysis of the Genetic Epidemiology of Anxiety Disorders. *American Journal of Psychiatry*, 158: 1568–1578.

LeDoux, J. (1998). *The Emotional Brain.* (New York: Phoenix).

Plaisier, I., de Bruijn, J.G.M., de Graaf, R., ten Have, M., Beekman, A.T.F., and Penninx, B.W.J.H. (2007). The Contribution of Working Conditions and Social Support to the Onset of Depressive and Anxiety Disorders among Male and Female Employees. *Social Science and Medicine*, 64: 401–410.

Plomin, R., DeFries, J.C., McClearn, G.E., and McGuffin, P. (2008). *Behavioral Genetics*, 5th edn. (New York: Worth).

a Reinforcing Agent. *Psychological Review*, 46: 553–565.

Oatley, K., Keltner, D., and Jenkins, J.M. (2006). *Understanding Emotions*, 2nd edn. (Oxford: Blackwell).

Rachman, S. (2004). *Anxiety*, 2nd edn. (Hove and New York: Psychology Press).

Rose, S. (2011). Self Comes to Mind: Constructing the Conscious Brain by Antonio Damasio. *The Guardian*, 12 February 2011.

Salkovskis, P. (ed.) (1996). *The Frontiers of Cognitive Therapy*. (New York: Guilford).

Sheehy, N. (2004). *Fifty Key Thinkers in Psychology*. (London and New York: Routledge).

Watson, J. and Raynor, R. (1920). Conditioned Emotional Reactions. *Journal of Genetic Psychology*, 37: 394–419.

第三章——先天或後天？

Barlow, D.H. (2002). *Anxiety and its Disorders*, 2nd edn. (New York: Guilford Press).

Barlow, D.H. and Durand, V.M. (2005). *Abnormal Psychology: An Integrative Approach*. (Belmont, CA: Thomson Wadsworth).

Caspi, A. and Moffitt, T.E. (2006). Gene–Environment Interactions in Psychiatry: Joining Forces with Neuroscience. *Nature Reviews Neuroscience*, 7: 583–590.

Clark, D.A. and Beck, A.T. (2010). *Cognitive Therapy of Anxiety Disorders*. (New York: Guilford).

Eley, T.C., Gregory, A.M., Lau, J.Y.F., McGuffin, P., Napolitano, M., Rijsdijk, F., and Clark, D.M. (2008). In the Face of Uncertainty: A Twin Study of Ambiguous Information, Anxiety and Depression in Children. *Journal of Abnormal Child Psychology*, 36: 55–65.

Cannistraro, P.A. and Rauch, S.L. (2003). Neural Circuitry of Anxiety: Evidence from Structural and Functional Neuroimaging Studies. *Psychopharmacology Bulletin*, 37: 8–25.

Charney, D.C. and Nestler, E.J. (2004). *Neurobiology of Mental Illness*, 2nd edn. (New York: Oxford University Press).

Clark, D.A. and Beck, A.T. (2010). *Cognitive Therapy of Anxiety Disorders*. (New York: Guilford).

Clark, D.M. (1999). Anxiety Disorders: Why They Persist and How to Treat Them. *Behaviour Research and Therapy*, 37: S5-27.

Damasio, A.R., Grabowski, T.J., Bechara, A., Damasio, H., Ponto, L.L.B., Parvizi, J., and Hichwa, R.D. (2000). Subcortical and Cortical Brain Activity during the Feeling of Self-generated Emotions. *Nature Neuroscience*, 3: 1049–1056.

Edelmann, R.J. (1992). *Anxiety*. (Chichester: Wiley).

Freud, S. (1895/1979). On the Grounds for Detaching a Particular Syndrome from Neurasthenia under the Description 'Anxiety Neurosis', in *On Psychopathology* (London: Penguin).

Freud, S. (1933/1991). Anxiety and Instinctual Life, in *New Introductory Lectures on Psychoanalysis*, vol. 2. (London: Penguin).

Gray, J.A. and McNaughton, N. (2000). *The Neuropsychology of Anxiety*, 2nd edn. (Oxford: Oxford University Press).

Holmes, E.A. and Mathews, A. (2005). Mental Imagery and Emotion: A Special Relationship? *Emotion*, 5: 489–497.

LeDoux, J. (1998). *The Emotional Brain*. (New York: Phoenix).

Mathews, A., Richards, A., and Eysenck, M. (1989). Interpretation of Homophones Related to Threat in Anxiety States. *Journal of Abnormal Psychology*, 98: 31–34.

Mowrer, O.H. (1939). A Stimulus-Response Analysis of Anxiety and Its Role as

Severity, and Comorbidity of 12-Month *DSM-IV* Disorders in the National Comorbidity Survey Replication. *Archives of General Psychiatry*, 62: 617–627.

Lewis, A. (1970). The Ambiguous Word 'Anxiety'. *International Journal of Psychiatry*, 9: 62–79.

Oatley, K., Keltner, D., and Jenkins, J.M. (2006). *Understanding Emotions*, 2nd edn. (Oxford: Blackwell).

Power, M. and Dalgleish, T. (1997). *Cognition and Emotion: From Order to Disorder*. (Hove: Psychology Press).

Rachman, S. (2004). *Anxiety*, 2nd edn. (Hove and New York: Psychology Press).

Susskind, J.M., Lee, D.H., Cusi, A., Feiman, R., Grabski, W. and Anderson, A.K. (2008). Expressing Fear Enhances Sensory Acquisition. *Nature Neuroscience*, 11: 843–850.

Tuma, A.H. and Maser, J.D. (eds) (1985). *Anxiety and the Anxiety Disorders*. (New Jersey: Lawrence Erlbaum Associates).

第二章——焦慮理論

Barlow, D.H. (2002). *Anxiety and its Disorders*, 2nd edn. (New York: Guilford Press).

Barlow, D.H. and Durand, V.M. (2005). *Abnormal Psychology: An Integrative Approach*. (Belmont, CA: Thomson Wadsworth).

Beck, A.T. and Emery, G. (1985). *Anxiety Disorders and Phobias: A Cognitive Perspective*. (Cambridge, MA.: Basic Books).

Bishop, S.J. (2007). Neurocognitive Mechanisms of Anxiety: An Integrative Approach. *Trends in Cognitive Sciences*, 11: 307–316.

Britton, J.C. and Rauch, S.L. (2009). Neuroanatomy and Neuroimaging of Anxiety Disorders. In M.M. Antony and M.B. Stein (eds.), *Oxford Handbook of Anxiety and Related Disorders*. (New York: Oxford University Press).

參考資料

第一章——什麼是焦慮？

American Psychiatric Association. (2000). *Diagnostic and Statistical Manual of Mental Disorders*, 4th edn., Text Revision. (Arlington, VA: American Psychiatric Association).

Arrindell, W.A., Emmelkamp, P.M.G. and Van der Ende, J. (1984). Phobic Dimensions—I. Reliability and Generalizability across Samples, Gender and Nations. *Advances in Behaviour Research and Therapy*, 6: 207–254.

Banse, R. and Scherer, K.R. (1996). Acoustic Profiles in Vocal Emotion Expression. *Journal of Personality and Social Psychology*, 70: 614–636.

Barlow, D.H. (2002). *Anxiety and its Disorders*, 2nd edn. (New York: Guilford Press).

Berrios, G. & Porter, R. (eds.) (1995). *A History of Clinical Psychiatry: The Origin and History of Psychiatric Disorders*. (London: Athlone Press).

Dalgleish, T. and Power, M. (1999). *Handbook of Cognition and Emotion*. (Chichester: Wiley).

Darwin, C. (1872/1999). *The Expression of the Emotions in Man and Animals*. (London: Fontana).

Edelmann, R.J. (1992). *Anxiety*. (Chichester: Wiley).

Ekman, P. (1992). An Argument for Basic Emotions. *Cognition and Emotion*, 6, 169–200.

Hertenstein, M., Keltner, D., App, B., Bulleit, B.A., and Jaskolka, A.R. (2006). Touch Communicates Distinct Emotions. *Emotion*, 6: 528–533.

Kessler, R.C., Chiu, W.T., Demler, O. and Walters, E.E. (2005). Prevalence,

versity Press, 2009)
Derrick Silove and Vijaya Manicavasagar, *Overcoming Panic and Agoraphobia* (Robinson, 2009)
http://www.nomorepanic.co.uk
http://nopanic.org.uk
http://anxietypanic.com

憂慮與廣泛性焦慮症

Robert Leahy, *The Worry Cure* (New Harbinger, 2006)
Kevin Meares and Mark Freeston, *Overcoming Worry* (Robinson, 2008)

強迫症

Christine Purdon and David Clark, *Overcoming Obsessive Thoughts* (New Harbinger, 2005)
Padmal de Silva and Stanley Rachman, *Obsessive-Compulsive Disorder* (Oxford University Press, 2009)
David Veale and Rob Willson, *Overcoming Obsessive-Compulsive Disorder* (Robinson, 2009)
http://www.ocdaction.org.uk
http://www.ocfoundation.org

創傷後壓力症

Barbara Olasov Rothbaum, Edna Foa, and Elizabeth Hembree, *Reclaiming Your Life from a Traumatic Experience* (Oxford University Press, 2007)
Glenn Schiraldi, *The Post-Traumatic Stress Disorder Sourcebook*, 2nd edn. (McGraw-Hill, 2009)
http://www.ptsd.va.gov

延伸閱讀

如果你想知道更多關於焦慮症的整體資訊，我們在《了解你的心智：日常情緒與心理問題，以及如何克服它們》（*Know Your Mind: Everyday Emotional and Psychological Problems and How to Overcome Them,* Rodale, 2009）中，把內容相當多的一節完全奉獻給它們。海倫．肯納利（Helen Kennerley）的《克服焦慮》（*Overcoming Anxiety*, Robinson, 2009）也值得一讀。

在網路上，請見 www.anxietyuk.org.uk，慈善機構「焦慮英國」（Anxiety UK）的網站，還有 www.adaa.org，這是由美國焦慮症協會（Anxiety Disorders Association of America）經營的網站。

恐懼症

Edmund Bourne, *The Anxiety and Phobia Workbook*, 5th edn. (New Harbinger, 2011)

Warren Mansell, *Coping with Fears and Phobias* (Oneworld, 2007)

http://topuk.org (Triumph Over Phobia UK)

害羞與社交恐懼症

Gillian Butler, *Overcoming Social Anxiety and Shyness* (Robinson, 2009)

Murray Stein and John Walker, *Triumph Over Shyness* (Anxiety Disorders Association of America, 2002)

www.anxietynetwork.com

www.social-anxiety.org.uk

www.socialphobia.org

恐慌症

Stanley Rachman and Padmal de Silva, *Panic Disorder: The Facts* (Oxford Uni-

Elsevier.

強迫症問卷經福艾（Edna B. Foa）許可重製：Edna B. Foa (2002).。

創傷後壓力症問卷經韋斯（Daniel S. Weiss）與馬爾馬爾（Charles Marmar）兩位教授許可重製：Weiss, D.S. & Marmar, C.R., 'The Impact of Event Scale – Revised 'in Wilson, J. & Keane, T.M. (eds) *Assessing Psychological Trauma and PTSD* (1997) pp. 399–411, New York: Guilford.

11. 我設法不去想那件事。	0 1 2 3 4
12. 我覺察到我對那件事還是有很多感受，但我沒去處理它們。	0 1 2 3 4
13. 我對那件事的感覺有點麻木。	0 1 2 3 4
14. 我發現自己的行為或感覺就像回到當時。	0 1 2 3 4
15. 我難以入睡。	0 1 2 3 4
16. 我對那件事有一波又一波的強烈感受。	0 1 2 3 4
17. 我設法把那件事從我的記憶中抹去。	0 1 2 3 4
18. 我難以專注。	0 1 2 3 4
19. 關於那件事的提示物會讓我產生身體反應，像是冒汗、呼吸困難、噁心想吐或心跳加速。	0 1 2 3 4
20. 我會夢到那件事。	0 1 2 3 4
21. 我覺得警醒而戒備。	0 1 2 3 4
22. 我設法不去談那件事。	0 1 2 3 4

事件衝擊量表——修正版© Weiss, D. S., and Marmar, C. R. (1997)。

附錄致謝

社交恐懼症問卷經英國皇家精神病醫學院許可重製：Connor, K., Davidson, J., Churchill L., Sherwood, A., Weisler, R., & Foa, E., 'Psychometric properties of the Social Phobia Inventory'. *British Journal of Psychiatry* (2000), 176, 379–386，The Royal College of Psychiatrists © 2000 The Royal College of Psychiatrists

廣泛性焦慮症問卷經愛思唯爾（Elsevier）資訊公司許可重製：Meyer, T.J., Metzger, R.L. & Borkovec, T.D., 'Development and validation of the Penn State Worry Questionnaire'. *Behaviour Research and Therapy* (1990), 28, 487–495. ©

創傷後壓力症

對於這份問卷，請依據你過去七天內對創傷事件的反應來做答。

如同我們在第十章看到的，創傷後壓力症症狀主要有三種：

- **重新經歷創傷事件**是由第1、2、3、6、9、14、16、20題來衡量。分數可能從0分到32分不等。
- **迴避或者感覺麻木**是由第5、7、8、11、12、13、17、22題來衡量。分數也是可能從0分到32分不等。
- **經常感到緊張不安**是由第4、10、15、18、19、21題來衡量。分數可能從0分到24分不等。

得分越高，你就越有可能患有創傷後壓力症。某些專家估計，整份問卷總分達到30分或更高，表示可能患有創傷後壓力症，但就像這份附錄裡的所有問卷一樣，只有經過臨床醫師在經過詳細評估以後才能下診斷。

0=完全不會　1=有一點點　2=中等程度　3=相當多　4=極多

1. 任何提示都會把關於那件事的感受帶回來。	0　1　2　3　4
2. 我很難熟睡。	0　1　2　3　4
3. 其他事情一直讓我想起那件事。	0　1　2　3　4
4. 我覺得煩躁和憤怒。	0　1　2　3　4
5. 在我想起那件事或者被提示而想起那件事的時候，會避免讓自己感到不安。	0　1　2　3　4
6. 我會在無意中想起那件事。	0　1　2　3　4
7. 我覺得那件事好像沒發生過，或者不是真的。	0　1　2　3　4
8. 我遠離關於那件事的記憶提示物。	0　1　2　3　4
9. 關於那件事的畫面會從我腦海裡冒出來。	0　1　2　3　4
10. 我提心吊膽，很容易受到驚嚇。	0　1　2　3　4

1. 我存放起來的東西太多了，甚至會擋住路。	0	1	2	3	4
2. 我檢查事物的頻繁程度超出必要。	0	1	2	3	4
3. 如果物品沒有整齊排好，我會感到不安。	0	1	2	3	4
4. 我在做事的時候，覺得有必要去計數。	0	1	2	3	4
5. 如果我知道某樣東西曾被陌生人或某些人碰過，我就很難去碰它。	0	1	2	3	4
6. 我覺得很難控制我自己的想法。	0	1	2	3	4
7. 我收集我不需要的東西。	0	1	2	3	4
8. 我反覆檢查門、窗、抽屜等等。	0	1	2	3	4
9. 如果其他人改變我排列物品的方式，我會很生氣。	0	1	2	3	4
10. 我覺得我必須重複某些數字。	0	1	2	3	4
11. 我有時候必須清洗或者弄乾淨自己，只因爲我自覺被汙染了。	0	1	2	3	4
12. 違背我意志而從我腦中冒出的不愉快念頭，讓我很不開心。	0	1	2	3	4
13. 我避免扔東西，因爲我害怕以後會需要它們。	0	1	2	3	4
14. 我關掉瓦斯、水龍頭跟電燈的開關後，還會反覆檢查。	0	1	2	3	4
15. 我需要按照特定順序來排列物品。	0	1	2	3	4
16. 我覺得有好數字跟壞數字。	0	1	2	3	4
17. 我洗手的次數與時間都超出必要。	0	1	2	3	4
18. 我經常有討厭的想法，而且很難擺脫它們。	0	1	2	3	4

問卷經福艾（Edna B. Foa）許可重製，2002年。

加總你的得分。總分21分或更高，表示可能有強迫症。

4. 許多情況會都讓我憂慮。	1	2	3	4	5
5. 我知道我不該爲事情感到憂慮，但我就是忍不住。	1	2	3	4	5
6. 在我有壓力的時候就會很憂慮。	1	2	3	4	5
7. 我總是爲某件事感到憂慮。	1	2	3	4	5
8. 我很容易擺脫憂慮的念頭。	1	2	3	4	5
9. 每完成一項任務，我就開始憂慮別的事情。	1	2	3	4	5
10. 我從不擔心任何事。	1	2	3	4	5
11. 對一件感到憂慮的事無能爲力時，我就不再憂慮了。	1	2	3	4	5
12. 我這輩子都是個憂慮的人。	1	2	3	4	5
13. 我發現我一直在擔心一些事情。	1	2	3	4	5
14. 我一旦開始憂慮就停不下來。	1	2	3	4	5
15. 我時時刻刻都在憂慮。	1	2	3	4	5
16. 直到計畫全部完成以前，我都感到憂慮。	1	2	3	4	5

賓州州立大學憂慮問卷：Meyer, T. J., Miller, M. L., Metzger, R. L., and Borkovec, T. D., (1990). Development and validation of the Penn State Worry Questionnaire, *Behaviour Research and Therapy*, 28: 487–95.

現在把你在每則陳述裡的得分加總起來。問題1、3、8、10、11是反向計分：舉例來說，如果你選了5，在計分時要算成1分。分數可能從18分到80分不等。

有憂慮問題的人通常得分超過50分。超過60分可能有廣泛性焦慮症。

強迫症

在你回答下列問題的時候，請回想過去這一個月的經歷。

0=完全不會　1=有一點點　2=中等程度　3=很多　4=極端

5. 我很害怕被批評。	0	1	2	3	4
6. 對尷尬的恐懼導致我避免做事或與人交談。	0	1	2	3	4
7. 在人前冒汗讓我很難受。	0	1	2	3	4
8. 我避免參加聚會。	0	1	2	3	4
9. 我避免參與會讓我成爲焦點的活動。	0	1	2	3	4
10. 我害怕與陌生人交談。	0	1	2	3	4
11. 我避免必須公開講話的狀況。	0	1	2	3	4
12. 我會竭盡所能避免被批評。	0	1	2	3	4
13. 我在其他人身邊的時候，會感到心悸。	0	1	2	3	4
14. 我害怕在別人的注視下做事。	0	1	2	3	4
15. 我最害怕感到尷尬或看起來很蠢。	0	1	2	3	4
16. 我避免跟任何有權威的人交談。	0	1	2	3	4
17. 在別人面前打顫或發抖讓我感到很痛苦。	0	1	2	3	4

廣泛性焦慮症

如果你擔心自己的憂慮可能會失去控制，請試著做賓州州立大學的憂慮問卷。針對下列每一則陳述，請用1到5分來表示它們對你來說有多典型或者符合你的性格特質。

1	2	3	4	5
完全不典型		有些合乎典型		非常典型

1. 如果我沒有足夠時間做到每件事，我不會擔憂。	1	2	3	4	5
2. 我的憂慮讓我難以招架。	1	2	3	4	5
3. 我通常不會爲事情感到憂慮。	1	2	3	4	5

附錄　自我評估問卷與進階資訊

這份附錄包含下列疾患的自我評估問卷：

· 社交恐懼症
· 廣泛性焦慮症（GAD）
· 強迫症（OCD）
· 創傷後壓力症（PTSD）

要銘記在心的重點是，這些問卷無法提供嚴謹的診斷——你需要去看專科醫生才能得到診斷。然而，對於尋求專家建議是否有用，這些問卷會給你一個方向。關於治療方案的更多資訊，請見第十一章。

在延伸閱讀的部分，你會找到一份書籍與網站清單，對六大精神疾患中的每一種都提供了更多的資訊。

社交恐懼症

請根據過去一週的經驗來回答下列問題。

總分在19分或以上者，表示可能有社交恐懼症的跡象。

0=完全不會　1=輕微　2=普通　3=很多　4=極度

1. 我害怕掌握權威的人。	0	1	2	3	4
2. 在人前臉紅會讓我困擾。	0	1	2	3	4
3. 聚會與社交場合讓我害怕。	0	1	2	3	4
4. 我避免跟不認識的人交談。	0	1	2	3	4

拉佩 Rapee, Ronald
拉赫曼 Rachman, Stanley
林肯城 Lincoln City
金鐘秀 Kim Jong-su
阿斯頓維拉 Aston Villa
《非凡奇事》*Ripping Yarns*
哈克曼 Hackmann, Ann
哈莉葉巷病童之家 Harriet Lane Home for Invalid Children
威爾斯 Wells, Adrian
威爾森 Wilson, Jonathan
柯克派崔克 Kirkpatrick, Dwight
柯爾納 Koerner, Naomi
美國國家共病調查 US National Comorbidity Survey, NCS
美國國家共病調查複查 US National Comorbidity Survey Replication, NCSR
美國國家共病調查複查青少年附錄 US National Comorbidity Survey Replication Adolescent Supplement
美國精神醫學學會 American Psychiatric Association
英國國民保健署 UK NHS
英國國家臨床醫學卓越研究院 National Institute for Clinical Excellence, NICE
埃勒，安克 Ehlers, Anke
庫克 Cook, Michael
格林斯比鎮 Grimsby Town
泰勒 Taylor, Graham
班乃迪克特 Benedikt, Moritz
班斯 Banse, Rainer
馬泰－柯爾 Mataix-Cols, David
高萊特莉，荷莉 Golightly, Holly
勒杜，約瑟夫 LeDoux, Joseph
勒魯 Lerew, Darin
基蘭 Ciaran
莫海爾 Morel, Bénédict
莫茲利醫院 Maudsley Hospital
莫勒 Mowrer, O. H.
莫菲特 Moffitt, Terrie
雪菲爾德 Sheffield
麥可曼納斯 McManus, Freda
傑克森 Jackson, Robert
凱根 Kagan, Jerome
博柯維奇 Borkovec, Tom
〈尋找英雄〉Search for the Hero
斯肯索普 Scunthorpe
湯瑪斯 Thomas, Lewis
《焦慮的年代》*The Age of Anxiety*
〈焦慮與本能生活〉Anxiety and the Instinctual Life
華生 Watson, John Broadus
馮特 Wundt, Wilhelm
奧登 Auden, W. H.
愛丁堡喜劇社 Edinburgh revue
溫布利球場 Wembley

名詞對照表

M族 M People
《人與動物的情緒表達》*The Expression of the Emotions in Man and Animals*
巴夫洛夫 Pavlov, Ivan
巴洛 Barlow, David
巴特勒 Butler, Gillian
心理治療普及化計畫 Improving Access to Psychological Therapies
心理健康基金會 Mental Health Foundation
《心理學摘要》*Psychological Abstracts*
卡波第 Capote, Truman
卡斯彼 Caspi, Avshalom
史丹 Stein, Murray
史金納 Skinner, Burrhus
史密特 Schmidt, Norman
史崔奇 Strachey, James
司登巴赫 Sternbach, Leo
布魯溫 Brewin, Chris
布魯爾 Breuer, Peter
皮爾斯 Pierce, Kent
安斯沃斯 Ainsworth, Mary
米尼卡 Mineka, Susan
艾克曼 Ekman, Paul
克里斯哈伯 Krishaber, Maurice
克拉克 Clark, David
克萊恩 Klein, Donald
坎農 Cannon, Walter
希利 Healy, David
〈我做的一切都是爲了妳〉Everything I Do, I Do It for You
〈把一個特定症候群從神經衰弱症中分離出來，放到「焦慮性精神官能症」描述下的立論依據〉On the Grounds for Detaching a Particular Syndrome from Neurasthenia under the Description "Anxiety Neurosis"
杜嘉 Dugas, Michel
沃特福德足球俱樂部 Watford FC
沃爾普 Wolpe, Joseph
沙特 Sartre, Jean-Paul
貝克，亞倫 Beck, Aaron T.
亞伯特・B Albert B.
亞當斯，布萊恩 Adams, Bryan
奈瑟 Neisser, Ulric
帕林，麥可 Palin, Michael

左岸｜心靈 370
焦慮：牛津非常短講 008
Anxiety: A Very Short Introduction

作　　者　丹尼爾．弗里曼 Daniel Freeman、傑森．弗里曼 Jason Freeman
譯　　者　吳妍儀

總 編 輯　黃秀如
責任編輯　孫德齡
特約編輯　張彤華
校　　對　劉佳奇、劉書瑜
企畫行銷　蔡竣宇
封面設計　日央設計
內文排版　宸遠彩藝

出　　版　左岸文化／遠足文化事業股份有限公司
發　　行　遠足文化事業股份有限公司（讀書共和國出版集團）
　　　　　231 新北市新店區民權路 108-2 號 9 樓
電　　話　（02）2218-1417
傳　　真　（02）2218-8057
客服專線　0800-221-029
E-Mail　rivegauche2002@gmail.com
左岸臉書　https://www.facebook.com/RiveGauchePublishingHouse/
團購專線　讀書共和國業務部　02-22181417 分機 1124

法律顧問　華洋法律事務所　蘇文生律師
印　　刷　呈靖彩藝有限公司
初　　版　2024 年 2 月
定　　價　400 元
I S B N　978-626-7209-87-5（平裝）
　　　　　978-626-7209-85-1（EPUB）
　　　　　978-626-7209-84-4（PDF）

國家圖書館出版品預行編目(CIP)資料

焦慮：牛津非常短講008／丹尼爾．弗里曼(Daniel Freeman)、傑森．弗里曼(Jason Freeman)著；吳妍儀譯.
——初版——新北市：左岸文化出版：遠足文化事業股份有限公司發行, 2024.02
244面；14x20公分. ——(左岸心靈；370)
譯自：Anxiety: a very short introduction
ISBN 978-626-7209-87-5(平裝)
1.CST: 焦慮
176.527　　113000118